쉽게 풀어 쓴
마태의
천국 이야기

쉽게 풀어 쓴 마태의 천국 이야기

지은이 | 이동원
초판 발행 | 2021. 4. 21
3쇄 발행 | 2023. 5. 24
등록번호 | 제1988-000080호
등록된 곳 | 서울특별시 용산구 서빙고로 65길 38
발행처 | 사단법인 두란노서원
영업부 | 2078-3352   FAX | 080-749-3705
출판부 | 2078-3331

책값은 뒤표지에 있습니다.
ISBN 978-89-531-3985-5 03230

독자의 의견을 기다립니다.   Printed in Korea
tpress@duranno.com   www.duranno.com

두란노서원은 바울 사도가 3차 전도여행 때 에베소에서 성령 받은 제자들을 따로 세워 하나님의 말씀으로 양육하던 장소입니다. 사도행전 19장 8-20절의 정신에 따라 첫째 목회자를 돕는 사역과 평신도를 훈련시키는 사역, 둘째 세계 선교(TIM)와 문서선교(단행본·잡지)사역, 셋째 예수문화 및 경배와 찬양 사역, 그리고 가정·상담 사역 등을 감당하고 있습니다. 1980년 12월 22일에 창립된 두란노서원은 주님 오실 때까지 이 사역들을 계속할 것입니다.

쉽게 풀어 쓴

마태의
천국 이야기

이동원 지음

두란노

목차

최근 신학계의 뜨거운 관심은 '하나님 나라'입니다. 뜻있는 설교자들이 이 관심을 강단에서 풀어내기 위해 애를 쓰고 있습니다. 많은 진지한 평신도들도 이 주제에 관심을 표명하고 있습니다. 이런 분들이 피해 갈 수 없는 것이 마태복음입니다. 마태의 가장 중요한 관심이 하나님 나라이기 때문입니다.

그런데 마태는 '하나님 나라' 대신 '천국'으로 표현합니다. 세리 마태에게는 하나님을 외람되이 발음하기보다 하늘이 더 적합했습니다. 그래서 하나님 나라보다 하늘나라, 곧 천국으로 표현한 것입니다. 그는 천국의 주제 아래 천국의 본질과 천국 백성의 자격을 논합니다. 그에게 예수의 제자들은 마땅히 천국 백성이어야 했습니다.

저는 이미 쉽게 풀어 쓴 시리즈로 '마가복음'과 '요한복음'을 펴냈습니다. 성경학자들의 주장처럼 마가복음은 최초의 복음이었을 것입니다. 마태나 누가는 마가복음을 기초로 예수님의 생애를 보완한 것입니다. 우리도 그런 순서로 사복음서를 들여다보면 좋겠습니다. 그중에서도 마태는 특히 천국의 주제를 강조하고 있습니다.

이 책은 신학서나 주해서가 아닌 강해서입니다. 그래서 강해라는 관점에서 쉽게 천국을 들여다보고자 했습니다. 그리고 시대가 요구하는 천국 백성 됨을 함께 묵상하고자 합니다. 이 책을 접하는 모든 분들에게 천국이 임하기를 기도합니다. 그리고 천국 백성들의 교회가 견고해지기를 기도합니다.

주후 2021년 봄을 맞이하며 함께 천국 백성 된 감사와 책임을 나누는 사람들에게 드립니다.

2021년 4월

그 나라의 품꾼 된,

이동원 목사(지구촌 목회리더십센터 섬김이)

chapter 1

천국 왕자의
지구별 탄생

소망의 별이 머무는 곳,
그곳에 천국이 임한다

마태의 천국 이야기는 천국 왕자의 지구별 탄생 이야기로 시작
된다. 동방 박사들은 "유대인의 왕으로 나신 이가 어디 계시냐"
라고 묻는다. 그리고 마침내 그들은 왕자 앞에 나아가 경배한
다. 이제 천국의 이야기가 시작된다.

아브라함과 다윗의 자손 예수 그리스도의 계보라 … 헤롯 왕 때에 예수께서 유대 베들레헴에서 나시매 동방으로부터 박사들이 예루살렘에 이르러 말하되 유대인의 왕으로 나신 이가 어디 계시냐 우리가 동방에서 그의 별을 보고 그에게 경배하러 왔노라 하니 헤롯 왕과 온 예루살렘이 듣고 소동한지라 왕이 모든 대제사장과 백성의 서기관들을 모아 그리스도가 어디서 나겠느냐 물으니 이르되 유대 베들레헴이오니 이는 선지자로 이렇게 기록된바 또 유대 땅 베들레헴아 너는 유대 고을 중에서 가장 작지 아니하도다 네게서 한 다스리는 자가 나와서 내 백성 이스라엘의 목자가 되리라 하였음이니이다 이에 헤롯이 가만히 박사들을 불러 별이 나타난 때를 자세히 묻고 베들레헴으로 보내며 이르되 가서 아기에 대하여 자세히 알아보고 찾거든 내게 고하여 나도 가서 그에게 경배하게 하라 박사들이 왕의 말을 듣고 갈새 동방에서 보던 그 별이 문득 앞서 인도하여 가다가 아기 있는 곳 위에 머물러 서 있는지라 그들이 별을 보고 매우 크게 기뻐하고 기뻐하더라 집에 들어가 아기와 그의 어머니 마리아가 함께 있는 것을 보고 엎드려 아기께 경배하고 보배합을 열어 황금과 유향과 몰약을 예물로 드리니라 그들은 꿈에 헤롯에게로 돌아가지 말라 지시하심을 받아 다른 길로 고국에 돌아가니라 비행기를 타고 아프리카 사막을 여행하던 조종사가 비행기 고장으로 불시착을 하게 됩니다. 황량한 사막에서 그는 한 소년을 만나게 되는데, 비행기를 고치며 대화하던 중 그는 그 소년이 다른 별에서 온 어린 왕자임을 알게 됩니다. 비행사는 본래 화가를 꿈꾸던 사람이었습니다. 어린 왕자가 그에게 양의 그림을 그려 달라고 조르며 둘 사이에 대화가 시작됩니다.

어린 왕자는 조금씩 마음을 열고 그동안 자신이 거쳐 온 별 이야기를 하게 됩니다. 소행성에서 지구별까지 여행하면서 경험하고 깨달은, 환상과 모순으로 가득 찬 별들의 이야기를 풀어놓게 됩니다. 신하가 한 사람도 없는데 자기 권위만을 주장하고 복종을 요구하던 왕의 별, 항상 박수만을 강요하던 허영쟁이의 별, 술 마시는 것을 부끄러워하면서도 술을 포기하지 못하는 술주정뱅이의 별, 하늘의 별을 세며 부자를 꿈꾸던 비즈니스맨의 별, 별 위를 다니며 빛을 즐길 수 있는데도 1분마다 가로등을 켜고 끄던 가로등 켜는 사람의 별, 산과 강을 본 적이 없는 지리학자의 별 그리고 지구별. 지구별에서 여우와 뱀을 만나 사귀다가 결국엔 뱀에게 물리지만, 마침내 어린 왕자는 자신이 사랑했던 장미를 돌보기 위해 죽음을 감수하고 자신의 별로 돌아간다는 이야기입니다. 이처럼 고국을 잃어버리고 방황하던 프랑스 작가 생텍

쥐페리(Antoine de Saint-Exupéry)가 인류에게 들려준 어린 왕자의 이야기를 우리는 기억합니다.

이제 저는 마태라고도 하고 레위라고도 하는 세리가 들려주는 또 다른 어린 왕자의 이야기, 그보다 훨씬 더 중요한 어린 왕자의 이야기에 당신을 초대하고자 합니다. 그가 쓴 책을 우리는 마태복음이라고 합니다. 마태복음이라는 드라마의 주인공도 어린 왕자입니다.

마태복음 1장과 2장은 이 어린 왕자의 탄생 내러티브(narrative)로 시작됩니다. 그리고 이어서 어린 왕자가 이 지구별에 들려주고 싶어 했던 왕과 왕자의 이야기, 왕국의 이야기가 펼쳐지게 됩니다. 마태는 이 왕국을 천국이라고 표기합니다. 세리 출신의 유대인이었던 마태는 '하나님 나라'와 그 나라를 가져다줄 왕자, 곧 메시아를 기다리고 있었습니다. 그러나 유대인이었기에 하나님(여호와)이란 거룩한 이름을 함부로 부를 수 없어 '하나님 나라'(Kingdom of God) 대신 '하늘나라'(Kingdom of Heaven)라고 부르기로 했습니다. 이 하늘나라 왕자의 이름이 바로 예수 그리스도이십니다. 마태복음은 이렇게 그 이야기를 열고 있습니다.

"아브라함과 다윗의 자손 예수 그리스도의 계보라"(마 1:1).

아브라함은 흔히 이스라엘의 국부, 조상으로 알려져 있습니다. 그는 족장이었습니다. 그 족장의 세계에서 그는 왕이었습니다. 그는 후일 모든 믿는 자의 영적 조상이 됩니다. 다윗은 이스라엘의 모든 왕 중에서 가장 존중받는 왕, '하나님의 마음에 맞는 왕'이었습니다. 그래서 마태복음 1장의 족보는 그냥 족보가 아니라, 왕의 족보입니다(누가의 메시아 족보와 비교하면 마태는 의도적으로 왕의 계보를 추적하고 있습니다). 그리고 드디어 만왕의 왕이신 여호와 하나님이 이 땅에 당신의 나라를 실현하고자 당신의 아들, 곧 어린 왕자를 역사의 어느 날 지구별 유대 베들레헴에 나게 하십니다.

> "헤롯 왕 때에 예수께서 유대 베들레헴에서 나시매 동방으로부터 박사들이 예루살렘에 이르러 말하되 유대인의 왕으로 나신 이가 어디계시냐 우리가 동방에서 그의 별을 보고 그에게 경배하러 왔노라 하니"(마 2:1-2).

동방에서 온 박사들은 그를 '유대인의 왕'이라고 했습니다. 마태는 "하늘과 땅의 모든 권세를 내게 주셨으니"라고 선포하신 그분의 말씀을 마태복음 28장 18절에 기록했습니다. 또 마태의 친구 요한은 그분을 가리켜 "만왕의 왕이요 만주의 주"(계 19:16)라고 선포했습니다. 2천년 전 유대 베들레헴에 오신 그분은 도대체 어떤 왕자였습니까?

구원의 소망 되신 왕자

마태복음 2장 1절은 이 별을 주목한 사람들이 동방에서 온 박사들(magoi, wise men)이었다고 기록합니다. 어떤 번역은 그들을 점성가들로 기록하기도 하는데, 최근에 우리가 사용하는 단어로는 천문학자들이었다고 할 수 있습니다. 원문에 '마고이'(magoi, 단수는 magos)로 되어 있는 이 단어의 어원은 페르시아(이란)어인데, 이는 그들이 페르시아의 궁중에서 섬기던 학자들이었음을 암시합니다. 성경학자들은 그들이 당시 매우 지혜로운 엘리트로서 천문학자 겸 성직자의 역할을 함께 감당했을 것이라고 추정합니다. 그들은 페르시아까지 흘러들어간 유대인 디아스포라들에게 성경을 배웠을 것으로 여겨집니다. 어쩌면 그들은 구약 민수기 24장 17절의 "한 별이 야곱에게서 나오며"라는 말씀에 근거해서, 때가 차면 이스라엘 땅에, 이스라엘 민족 중에 구세주가 오실 것이라는 믿음으로 그의 출생을 알리는 별의 출현을 기다리고 있었을지도 모릅니다. 하나님은 그들의 그런 기대, 그런 믿음을 나무라지 않고 늘 하늘을 바라보며 별을 관측하던 그들에게 특별한 초자연적 별의 출현으로 메시아의 탄생을 알리십니다.

본문 2절에 의하면, 동방의 박사들은 동방에서 이 별의 출현을 한 번 목격하고 어쩌면 이것이 메시아 탄생의 예고라고 생각해 메시아의 땅, 이스라엘로 여행을 시작합니다. 그러나 우리가 보통 상상하는 것처럼 별이 계속 이들을 인도한 것은 아닙니다. 일단 이스라엘의 수도인 예루살렘에 와서 메시아가 탄생할 가능성이 있는 장소를 찾다가 베들레헴에 왔을 때 동방에서 보았던 그 별이 다시 출현한 것입니다. 그리고 그 별이 아기 예수가 태어난 곳에 머물렀던 것입니다.

"그들이 별을 보고 매우 크게 기뻐하고 기뻐하더라"(마 2:10).

메시아 탄생의 징조로 등장했던 저 별, 메시아의 별, 그 별은 분명 놀라운 구원의 소망이었을 것입니다. 인류는 역사가 어두울 때마다 하늘의 별을 쳐다보며 내일의 구원을 소망해 왔습니다. 그것이 아마 하나님이 메시아 오심의 징조로 별을 사용하신 이유일지 모릅니다.

과거 일본이 서구를 향한 문명의 문을 열었을 때, 삿포로 농학교 초대 교장이었던 윌리엄 클라크(William Smith Clark)는 이 학교를 떠나며 전송 나온 일본 청년들에게 이런 메시지를 주었습니다.

"Boys, be ambitious for Christ"(소년들이여, 그리스도를 위한 대망을 가지라)!

하지만 불행히도 이 말은 그리스도를 생략한 채 "소년들이여, 대망을 가지라"라는 말로만 인용되어 왔습니다. 이것은 대망의 인도자와 대망의 목적을 상실한 불완전한 인용입니다. 그리스도만이 우리 구원의 소망이 되시는 유일한 분이기 때문입니다. 그분은 아직도 우리의 소망의 별이십니다. 그분은 일본뿐 아니라, 모든 민족의 소망의 별이십니다. 그는 소망의 별로 이 땅에 오신 하늘의 왕자입니다.

성경에 약속된 메시아 왕자

유대 예루살렘에 온 동방의 박사들이 유대인의 왕으로 나신 이가 어디 계시냐고 물었을 때, 본문 4절에 보면 왕이 대제사장과 서기관들을 모아 놓고 다시 질문을 합니다. 그때 이들의 대답을 들어 보십시오.

"이르되 유대 베들레헴이오니 이는 선지자로 이렇게 기록된 바 또 유대 땅 베들레헴아 너는 유대 고을 중에서 가장 작지 아니하도다 네게서 한 다스리는 자가 나와서 내 백성 이스라엘의 목자가 되리라 하였음이니이다"(마 2:5-6).

성경을 알고 있던 당시 유대 땅의 종교인들은 정확히 구약의 미가 5장 2절에서 선지자의 말을 인용해, 메시아가 탄생한다면 그곳은 유대 베들레헴이라고 말합니다. 미가 선지자는 주전 8세기(B.C. 700년대)에 활동한 사람입니다. 그는 성령의 감동으로 700년 후에 메시아, 곧 하나님의 왕자가 유대 땅 베들레헴에 탄생하실 것을 정확하게 예언한 것입니다. 성경이 우리를 놀라게 하는 사실 중 하나는 예언 성취의 정확성입니다. 사도 베드로는 성경 예언의 경이를 이렇게 증언합니다.

"또 우리에게는 더 확실한 예언이 있어 어두운 데를 비추는 등불과 같으니 날이 새어 샛별이 너희 마음에 떠오르기까지 너희가 이것을 주의하는 것이 옳으니라 … 예언은 언제든지 사람의 뜻으로 낸 것이 아니요 오직 성령의 감동하심을 받은 사람들이 하나님께 받아 말한 것임이라"(벧후 1:19, 21).

이런 예언의 말씀을 주신 하나님을 찬양하십시오. 우리는 이 예언의 말씀으로 아기 왕자이신 예수님 앞으로 인도함 받은 것을 기뻐하고 또 기뻐해야 합니다.

그런데 흥미로운 것은, 이 정확한 신학적 정보를 제공했던 대제사장과 서기관들은 왕자 예수님을 찾아보지도, 경배하지도 않았다는 것입니다. 또 이 질문을 했던 헤롯 대왕도 마찬가지였습니다. 우리는 여기서 신학적 정답이 인생을 구원하지는 못한다는 것을 배우게 됩니다. 그들은 정확한 정보와 지식을 가지고 있었으나, 그것이 그들을 구원하는 믿음의 자리로는 인도하지 못했던 것입니다. 우리를 구원하는 것은 믿음이지, 지식이 아닙니다.

구원의 지식이 우리에게 제공되는 것을 기뻐하십시오. 그러나 중요한 것은, 그 지식에 근거해서 구원자이신 그분을 믿고 의지하는 것, 그것이 신앙의 출발입니다.

"이르되 주 예수를 믿으라 그리하면 너와 네 집이 구원을 받으리라 하고"(행 16:31).

"사람이 마음으로 믿어 의에 이르고 입으로 시인하여 구원에 이르느
니라"(롬 10:10).

성경은 약속된 메시아이신 왕자 그리스도를 증언하는 유일한 책입
니다.

"너희가 성경에서 영생을 얻는 줄 생각하고 성경을 연구하거니와 이
성경이 곧 내게 대하여 증언하는 것이니라"(요 5:39).

우리가 이 성경으로 만난 그리스도는 대체 어떤 왕자이십니까?

경배를 받기에 합당하신 왕자

본문 2절은 동방의 박사들이 유대 땅으로 메시아를 찾아온 분명한 목
적이 있었음을 알려 줍니다.

"유대인의 왕으로 나신 이가 어디 계시냐 우리가 동방에서 그의 별을
보고 그에게 경배하러 왔노라 하니"(마 2:2).

그들의 목적은 경배였습니다. 경배는 신적 존재에게만 가능한 것입
니다. 이들은 메시아가 하나님의 아들이심을 확실하게 믿고 왔던 것

입니다. 드디어 베들레헴 아기 예수 탄생의 장소로 인도된 그들이 한 일은 무엇이었습니까?

"집에 들어가 아기와 그의 어머니 마리아가 함께 있는 것을 보고 엎 드러 아기께 경배하고 보배합을 열어 황금과 유향과 몰약을 예물로 드리니라"(마 2:11).

이 선물들은 모두 왕에게 드리기에 적합한 것들이었습니다. 황금은 메시아 되신 왕의 영광을, 유향은 메시아 되신 왕의 향기를 그리고 몰 약은 메시아 되신 왕의 수난과 죽음을 예표하기에 합당한 예물이었습 니다. 그리고 여기서 주목할 것은, 아기 메시아가 그 어머니 마리아와 함께 계셨는데 성경은 박사들이 '아기께만' 경배했다고 말씀합니다. 마리아는 메시아 탄생의 거룩한 도구로 쓰임 받은 거룩한 통로였지만, 경배의 대상은 아니었다는 것입니다.

밧모 섬에서 천사들을 통해 요한계시록의 엄청난 비밀을 전수받은 사도 요한이 천사에게 엎드려 경배하려 했을 때 천사가 무엇이라 말 합니까?

"이것들을 보고 들은 자는 나 요한이니 내가 듣고 볼 때에 이 일을 내게 보이던 천사의 발 앞에 경배하려고 엎드렸더니 그가 내게 말 하기를 나는 너와 네 형제 선지자들과 또 이 두루마리의 말을 지키는 자들과 함께 된 종이니 그리하지 말고 하나님께 경배하라 하더라"(계 22:8-9).

그렇습니다. 아기 메시아, 어린 왕자 메시아는 달랐습니다. 그분은 박사들의 경배를 그리고 우리의 경배를 받기에 합당하신 천국에서 온 왕자였습니다. 황제 나폴레옹(Napoleon Bonaparte)은 이런 말을 남겼습니다.

"지금 이 방에 철학자 소크라테스(Socrates)가 들어온다면 우리 모두 일어나 그에게 존경을 표해야 마땅할 것이다. 그러나 그리스도가 이 방에 오신다면 우리는 존경이 아니라, 엎드려 그에게 경배해야 할 것이다."

그는 존경과 경배의 차이를 알고 있었습니다. 그는 소크라테스와 예수 그리스도의 차이를 알고 있었습니다. 당신은 어떻습니까?

그런데 더 놀라운 사실은, 이렇게 우리의 경배를 받기에 합당하신 이 어린 왕자가 우리를 죄에서 구원하고 우리를 하늘 별로 데려가기 위해 십자가에서 피 흘려 당신의 목숨을 내어 주셨다는 것입니다. 성경은 그가 "세상에 있는 자기 사람들을 사랑하시되 끝까지 사랑"(요 13:1)하셨다고 말씀합니다. 그의 사랑은 생텍쥐페리의 어린 왕자의 장미꽃을 향한 고백과 너무도 닮았습니다.

"너희는 아름답지만 그냥 피어 있을 뿐이야. 너희를 위해 죽을 사람은 아무도 없어. 무심히 지나는 사람들이 보면 너희를 모두 똑같은 꽃으로 생각하겠지. 하지만 내게는 그 한 송이가 다른 모두를 합친 것보다 더 소중해… 난 내 꽃을 돌보기 위해 내 집으로 가야 해 … 나는 그 꽃에 책임이 있어 … 세상에 맞서 자신을 지킬 아무 쓸모없는 가시 네 개를 가진 그 꽃을 위해 난 죽어야 해."

성경은 십자가에서 죽으신 어린 왕자도 그렇게 우리를 사랑하셨다고 말씀합니다. 그리고 그 사랑으로 우리에게 천국을 보여 주셨다고 말씀합니다. 그 천국의 비전을 가지고 이 지구별에서 살아갈 수 있다고 말씀합니다. 우리는 천국에서 온 어린 왕자의 더 자상한 사랑 이야기를 마태복음의 천국 이야기로 만나게 될 것입니다.

chapter 2

천국 제자의
인격

복된 인격으로
세상이 천국을 맛보게 하라

천국 건설은 천국 제자를 부르고 그들의 제자 됨의 인격을 선포
하심으로 시작된다. 왕을 따르는 진정한 제자들이 복된 인격으
로 세워지는 그곳에 복된 나라가 세워지기 때문이다.

| 마태복음 5:1-10 |

예수께서 무리를 보시고 산에 올라가 앉으시니 제자들이 나아온지라 입을 열어 가르쳐 이르시되 심령이 가난한 자는 복이 있나니 천국이 그들의 것임이요 애통하는 자는 복이 있나니 그들이 위로를 받을 것임이요 온유한 자는 복이 있나니 그들이 땅을 기업으로 받을 것임이요 의에 주리고 목마른 자는 복이 있나니 그들이 배부를 것임이요 긍휼히 여기는 자는 복이 있나니 그들이 긍휼히 여김을 받을 것임이요 마음이 청결한 자는 복이 있나니 그들이 하나님을 볼 것임이요 화평하게 하는 자는 복이 있나니 그들이 하나님의 아들이라 일컬음을 받을 것임이요 의를 위하여 박해를 받은 자는 복이 있나니 천국이 그들의 것임이라

마태복음의 가장 중요한 주제는 하나님 나라입니다. 이것이 마태복음에서는 천국으로 묘사됩니다. 천국이라 하면 우리는 죽음의 끝에 우리를 기다리는 종말론적 나라, 곧 미래적 나라만 생각합니다. 그러나 하나님 나라는 하나님이 다스리시는 나라, 혹은 하나님의 아들인 메시아가 다스리시는 나라, 혹은 여기서부터 시작되는 현재적 나라이기도 합니다.

고대 유대인들은 '하나님'이란 단어를 경솔하게 입에 올리지 않았습니다. 그래서 '하나님' 대신에 '하늘'이라고 말합니다. 그것이 유대인 기자 마태가 하나님 나라를 하늘나라(Kingdom of God/Heaven), 곧 천국으로 대치해서 사용한 이유이기도 합니다.

세례(침례) 요한은 메시아이신 예수님이 곧 오심을 예언하며 "회개하라 천국이 가까이 왔느니라"라고 설교합니다.

> "그때에 세례(침례) 요한이 이르러 유대 광야에서 전파하여 말하되 회개하라 천국이 가까이 왔느니라 하였으니"(마 3:1-2).

이 땅에 메시아로 오신 예수님의 사역의 시작을 마태는 이렇게 증언합니다.

"이때부터 예수께서 비로소 전파하여 이르시되 회개하라 천국이 가까이 왔느니라 하시더라"(마 4:17).

그리고 예수님은 이어서 이 천국 복음(하나님 나라 복음)을 전파할 제자들을 부르십니다.

마태복음 5장은 흔히 '팔복 장'으로 알려져 있습니다. 그러나 이 교훈은 단순히 많은 무리에게 행복을 가르쳐 주기 위해 베푸신 말씀이 아닙니다.

"예수께서 무리를 보시고 산에 올라가 앉으시니 제자들이 나아온지라"(마 5:1).

그분은 자신을 따르기로 한 제자들이 오기를 기다려 이 말씀을 주신 것입니다. 그래서 팔복은 천국 제자들의 인격 혹은 그 품성을 가르치신 교훈으로 보는 것이 맞습니다.

하나님의 통치라는 관점에서 본 하나님 나라 백성, 곧 천국 제자들의 인격을 팔복을 통해 포괄적으로 살펴보고자 합니다. 요한이나 예수님이 천국의 도래를 선포하며 '회개하라'고 하신 것은, 하나님의 통치를 벗어난 그들의 마음 상태를 바꿀 때에만 하나님 나라를 누릴 수 있는 복된 천국 인격이 된다는 약속입니다. 세속적 가치관에 함몰된 우리는 진정한 하나님 나라의 제자가 되기 위해 이 세상 가치관에서 돌아설 준비가 되어 있어야 합니다.

원문에는 '복이 있도다'라는 선언이 먼저 나오고 '심령이 가난한 자여'라는 메시지가 따라옵니다. 그리고 첫째 복(3절)과 마지막 복(10절)에 같은 약속인 "천국이 그들의 것"이라는 말씀이 따라옵니다. 그렇다면 천국 백성이 되기에 합당한 복된 인격의 정체는 무엇일까요? 여덟 가지 인격은 마치 천국 음악의 8음계처럼 다가옵니다.

가난한 마음의 인격

"심령이 가난한 자는 복이 있나니 천국이 그들의 것임이요"(마 5:3).

'가난하다'는 희랍어로 '프토코스'(ptochos)라 하는데, 이는 상대적 가난이 아닌 절대적 가난을 뜻합니다. 타인의 자선에 의존하지 않고는 생존이 불가능한 상태입니다. 물질적 가난이 아닌 심령의 가난, 곧 영적인 상태를 뜻하는 말입니다. 영적인 파산 상태로 누군가를 의존하지 않고는 생존이 불가능한 마음입니다. 이것이 바로 하나님을 필요로 하는 죄인의 실존입니다.

우리가 부르는 찬송 중에 〈만세 반석 열리니〉(새찬송가 494장)가 있습니다. 다음은 이 찬송의 가사 중 일부입니다.

빈 손 들고 앞에 가 십자가를 붙드네
의가 없는 자라도 도와주심 바라고
생명 샘에 나가니 나를 씻어 주소서

바로 이런 마음이 천국을 소유할 수 있는 마음입니다. 자신에게서
는 아무 의를 찾을 수 없어, 다만 십자가 앞에 자신을 내려놓고 주님만
의지하는 가난한 마음들에게 천국의 문은 열립니다.

애통하는 마음의 인격

"애통하는 자는 복이 있나니 그들이 위로를 받을 것임이요"(마 5:4).

세상에는 두 가지 유형의 애통이 존재합니다. 하나는 세속적 애통
으로, 자기 욕심이 채워지지 못한 슬픔입니다. 그러나 다른 하나는 성
경적 애통으로, 진지한 자기 성찰의 결과로서 내면에서 솟아나는 참회
의 슬픔입니다. 바울은 이 두 가지 유형의 애통을 '세상 근심'과 '하나
님의 뜻대로 하는 근심'으로 표현합니다.

"하나님의 뜻대로 하는 근심은 후회할 것이 없는 구원에 이르게 하는
회개를 이루는 것이요 세상 근심은 사망을 이루는 것이니라"(고후 7:10).

가난한 마음으로 하나님에게 나아갈 때, 하나님 앞에서 우리는 우리 자신의 부끄러운 상태의 죄악을 발견합니다. 이런 사람들이 자기 죄에 대해 느끼는 정적 연민, 그것이 바로 성경적 애통입니다. 이런 사람들이 깨어진 마음으로 흘리는 눈물, 그 얼마나 아름다운 눈물인지요! 애통하는 마음을 가진 사람들이 누리는 복이 하늘의 위로인 것입니다.

온유한 마음의 인격

"온유한 자는 복이 있나니 그들이 땅을 기업으로 받을 것임이요"(마 5:5).

'온유'는 희랍어로 '프라오스'(praos)라 하는데, 이는 정당한 힘에 의해 잘 조절될 수 있는 상태를 의미합니다. 그러나 이것은 자기 포기의 과정을 지난 사람만이 가질 수 있는 마음의 인격입니다. 아브라함과 롯이 벧엘에서 땅을 분배하고자 할 때, 아브라함이 조카 롯에게 무엇이라 말합니까?

"네 앞에 온 땅이 있지 아니하냐 나를 떠나가라 네가 좌하면 나는 우하고 네가 우하면 나는 좌하리라"(창 13:9).

이것은 자기 포기가 없는 사람은 할 수 없는 선언입니다. 모든 것을 포기하고 주님에게 모두 맡긴 것입니다. 이런 온유한 마음의 인격에 주님이 언약하신 복이 무엇입니까?

"온유한 자는 복이 있나니 그들이 땅을 기업으로 받을 것임이요"(마 5:5).

오히려 이런 사람들에게 하늘의 기업을 맡기시겠다는 것입니다. 심령의 가난함이 하나님만을 전적으로 의지하는 마음이라면, 애통함은 하나님 앞에서의 자기 성찰의 마음입니다. 그리고 온유함은 하나님에게 모든 권리를 양도하고 그분의 처분을 기다리는 마음입니다.

의에 주리고 목마른 마음의 인격

우리는 지나간 어떤 시대보다 더 많은 것을 소유하고 살면서도 여전히 만족하지 못한 채 더 많은 것에 주리고 목말라합니다. 더 많은 돈, 더 많은 권력, 더 많은 인기, 더 많은 성에 목말라하지 않습니까? 그런데 주님은 이 천국의 복을 가르치면서 의에 주리고 목마른 자가 복이 있다고 말씀하십니다.

"의에 주리고 목마른 자는 복이 있나니 그들이 배부를 것임이요"(마 5:6).

이 말씀에서 '의'는 우리가 단순하게 말하는 사회 정의가 아닙니다. 하나님의 의입니다. 의는 바로 하나님 그분의 속성입니다. 하나님 외에는 절대적으로 의로운 존재란 존재하지 않습니다.

"기록된 바 의인은 없나니 하나도 없으며"(롬 3:10).

그러므로 의에 주리고 목말라함은 바로 하나님에게 주리고 목말라함입니다.

"하나님이여 사슴이 시냇물을 찾기에 갈급함같이 내 영혼이 주를 찾기에 갈급하니이다"(시 42:1).

그런 이들에게 주어지는 복이 무엇입니까?

"의에 주리고 목마른 자는 복이 있나니 그들이 배부를 것임이요"(마 5:6).

그들의 고백은 무엇입니까?

"여호와는 나의 목자시니 내게 부족함이 없으리로다"(시 23:1).

이런 축복이 바로 하나님만을 갈망하는 마음의 인격입니다.

긍휼히 여기는 마음의 인격

의가 하나님만을 갈망하는 마음이라면, 긍휼은 하나님의 눈으로 이웃을 바라보는 마음입니다. 설교가 토머스 왓슨(Thomas Watson)은 여기 사용된 '긍휼'을 뜻하는 희랍어 '엘레오스'(eleos)를 '죄의 결과로 비참한 상태에 빠져 있는 이들을 향한 하나님의 애정'이라고 했습니다. 그리고 긍휼의 속성은 하나님의 의를 추구하는 이들이 반드시 구해야 할 균형의 덕이라고 했습니다. 하나님은 의로우시지만, 동시에 긍휼이 풍성하신 분이기 때문입니다.

> "긍휼히 여기는 자는 복이 있나니 그들이 긍휼히 여김을 받을 것임이요"(마 5:7).

긍휼은 천국 백성의 빛나는 인격입니다. 우리가 이웃을 긍휼히 여기지 못하고 산다면, 결국 우리는 이웃을 정죄하는 감옥에서 자유하지 못할 것입니다. 천재 작가 셰익스피어(William Shakespeare)는 《베니스의 상인》에서 주인공 포르티아의 입을 빌려 이렇게 긍휼을 예찬합니다.

"긍휼은 고요히 내리는 빗방울처럼 하늘에서 아래로 떨어진다. 긍휼을 베푸는 사람과 긍휼히 여김을 받는 사람을 다 같이 축복한다."

하나님의 눈으로 이웃을 바라보는 마음, 긍휼을 사모하십시오. 그러면 우리도 긍휼히 여김을 받는 복을 누리게 될 것입니다.

청결한 마음의 인격

"마음이 청결한 자는 복이 있나니 그들이 하나님을 볼 것임이요"(마 5:8).

청결은 단순한 도덕적 상태가 아닌 하나님을 보는 마음, 하나님만을 사모하는 인격입니다. 왜냐하면 '청결한 마음'은 '섞이지 않은'(unmixed), '한 마음'(single heart)을 뜻하기 때문입니다.

이런 이야기를 들었습니다. 어떤 사람이 자기 딸이 맑은(淑) 마음으로 살 것을 기대하며 '김숙자'라는 이름을 지어 주었다고 합니다. 그런데 그 딸이 성장하며 이름 끝의 '자'자가 촌스럽게 느껴져서 이름을 '김숙'으로 개명했다고 합니다. 그 딸에게 사람들이 묻습니다.

"이름이 어떻게 되세요?"

"김숙입니다."

"'숙'자를 어떻게 쓰십니까?"

"'숙자'가 아니라 '숙'입니다."

'자'자에 대한 콤플렉스 때문에 더 큰 부모의 기대인 '맑음'의 의미를 자각하지 못한 것처럼, 우리는 때로 우리의 죄성 때문에 하나님을 바라보지 못하는 때가 많습니다. 기독교 철학자 쇠렌 키르케고르 (Søren Aabye Kierkegaard)는 '하나님에게 집중하는 일념'이 곧 청결한 마음의 본질이라고 말합니다. 이런 마음으로 자신이 아닌 하나님에게 집중하는 사람들이 하나님의 마음과 교류하는 천국의 복을 누릴 것입니다.

평화를 만드는 마음의 인격

"화평하게 하는 자는 복이 있나니 그들이 하나님의 아들이라 일컬음
을 받을 것임이요"(마 5:9).

'화평하게 하는 자'(eirene+poieo, peace+maker)는 단순히 갈등을 해결
하는 중재자 정도의 의미가 아닙니다. 적극적으로 하나님의 샬롬(평화)
을 실현하는 자를 뜻합니다. 이것은 결국 하나님과 사람 사이에 다리
를 만들어 하나님과 화평하게 하고, 그 평화를 사람들에게 전하는 마
음의 인격입니다. 긍휼의 마음이 소극적으로 하나님의 진노를 받아 마
땅한 사람들에게 용서를 전하는 것이라면, 평화의 마음은 적극적으로
하나님의 은혜와 기쁨을 삶의 모든 영역에 선포하는 것입니다. 그리
고 그때 우리는 비로소 우리가 평화의 하나님의 자녀들임을 세상에 증
거하게 될 것입니다.

의를 위하여 박해를 감수하는 마음의 인격

"의를 위하여 박해를 받은 자는 복이 있나니 천국이 그들의 것임이
라"(마 5:10).

이미 의의 절대 기준은 하나님이라고 이야기했습니다. 의에 주리고 목말라함은 바로 하나님에 대한 목마름이라고 했습니다. 그렇다면 의를 위해 박해까지 받을 수 있다는 것은 곧 하나님을 위해 자신의 모든 것을 던질 수 있다는 것을 의미합니다. 그것은 하나님과의 연대화이며, 하나님과의 연합입니다. 이제 하나님을 위해 기꺼이 손해도 볼 수 있다는 것입니다.

6.25전쟁을 기념할 때마다 생각나는 한 사람이 있습니다. '한국의 쉰들러'라고 불리는 현봉학 박사입니다. 사실 그는 쉰들러 이상의 사람입니다. 쉰들러는 1,200여 명의 유대인을 구출했지만, 그는 흥남철수작전에서 9만 2천 명의 피난민을 구출했습니다. 그는 전쟁이 발발했을 때 세브란스병원의 의사(후일 아주대에서 섬김)였습니다. 그러나 그는 목사의 아들로 미국 유학파였고 영어를 잘했기 때문에 그대로 있을 수 없다고 생각해, 기도 중에 자원해서 통역관으로 참전합니다. 흥남철수 당시 미 10군단 알몬드 소장을 만나 피난민, 특히 공산주의를 반대하던 그리스도인들을 데리고 철수하자고, 그렇지 않으면 그들은 다 죽는다고 설득합니다(소장은 현 박사가 공부한 버지니아 리치몬드 출신입니다). 마침내 설득에 성공한 그는 군목들과 교회들을 통해 12월 23일 밤 12시까지 흥남부두로 모이라고 통고합니다. 자신의 안위를 포기한 한 사람의 희생이 가져온 1950년 크리스마스의 기적(12월 25일 거제도 장승포항에 도착)이었습니다. 그러고도 그는 평생 구출하지 못한 사람, 이산가족이 된 사람들 때문에 괴로워했

다고 합니다. 이것이 바로 천국 백성의 마음, 예수님의 제자의 인격
이 아니겠습니까?

chapter 3

천국 실현의
기도

주님이 가르치신 기도에
천국이 담겨 있다

왕은 왕국을 세우기 위한 제자들의 기도를 먼저 가르치신다.
"나라가 임하시오며." 먼저 그분의 나라와 그분의 의를 구하기
위해 우리가 먼저 배울 이 기도는 그냥 암송할 기도가 아니다.
우리의 모든 것을 바쳐 열망해야 할 그 나라 실현의 기도다.

| 마태복음 6:9-13 |

그러므로 너희는 이렇게 기도하라 하늘에 계신 우리 아버지여 이름
이 거룩히 여김을 받으시오며 나라가 임하시오며 뜻이 하늘에서 이
루어진 것같이 땅에서도 이루어지이다 오늘 우리에게 일용할 양식
을 주시옵고 우리가 우리에게 죄지은 자를 사하여 준 것같이 우리
죄를 사하여 주시옵고 우리를 시험에 들게 하지 마시옵고 다만 악에
서 구하시옵소서(나라와 권세와 영광이 아버지께 영원히 있사옵나이다 아멘)

이 장에서 다룰 텍스트는 소위 '주기도'의 본문입니다. 그러나 신학자들은 '주기도'나 '주의 기도'는 정확한 표현이 아니라고 말합니다. 이 기도문 중에서 "우리 죄를 사하여 주시옵고"라는 대목은 예수님에게 해당되지 않기 때문입니다. 그분은 이 땅에 계셨지만 죄 없는 삶을 사셨습니다. 그래서 더 정확하게 말하면 '제자들의 기도', 아니면 "하늘에 계신 우리 아버지여"라고 시작되기에 '자녀들의 기도'라고 하는 것이 좋을 것입니다. 그러나 좀 더 포괄적으로 생각해 본다면, 이 기도문은 주님이 가르치신 '천국 백성의 기도' 혹은 '천국 제자들의 기도문'이라고 할 수 있습니다.

이 기도문에는 대체로 여섯 가지 청원이 기록됩니다. 처음 세 가지는 하나님에 대한 것으로 하나님의 이름, 하나님의 나라, 하나님의 뜻에 대해 기도하고, 나중 세 가지는 인간의 필요에 대한 것으로 인간의 양식, 인간의 용서, 인간의 시험과 악에 대해 기도합니다. 그러나 최근에 엄밀한 관찰을 하는 성경신학자들은 사실 주기도의 기도 주제는 하나이며, 그것은 하나님 나라라고 말합니다. 그것은 마태복음 전체의 주제와도 일치하고, 마태복음 6장의 마지막 구절인 33절의 결론과도 일치합니다.

"그런즉 너희는 먼저 그의 나라와 그의 의를 구하라 그리하면 이 모든 것을 너희에게 더하시리라"(마 6:33).

실제로 본문 9-10절에는 접속사가 없습니다. 그러나 10절에서 11절로 바뀌면서 영어의 'and', 희랍어 원문의 'kai'라는 접속사가 등장합니다. 그리고 12절과 13절이 시작될 때도 이 단어가 먼저 등장합니다. 그러니까 이 주기도문의 가장 중요한 단일 주제는 '나라가 임하시오며'입니다. 아버지의 이름이 거룩해지기 위해 그 나라의 통치가 필요한 것이고, 그 나라가 실현되기 위해 하늘의 뜻이 땅에서 이루어져야 하기 때문입니다. 따라서 그 나라가 임하도록 우리가 보조적으로 기도할 제목들이 "오늘 우리에게 일용할 양식을 주시옵고"(11절), '그리고' "우리 죄를 사하여 주시옵고"(12절), '그리고' "우리를 시험에 들게 하지 마시옵고"(13절)입니다. 이 세 가지 영역은 우리의 생존, 우리의 관계, 우리의 영적 전투에 관한 것으로, 하나님 나라가 임하기 위해 대면해야 할 가장 중요한 삶의 영역인 것입니다.

그렇다면 하나님 나라가 이 땅에 실현되기 위해 우리가 기도해야 할 영역, 혹은 우리의 삶의 책임은 무엇이겠습니까? 이 주기도문이 우리에게 던지는 가장 중요한 삶의 질문은 무엇이겠습니까? 바로 하나님 나라가 실현되는 일에 쓰임 받는 인생이 되려면 어떻게 살아야 할 것인가 하는 것입니다.

일용할 양식으로 만족하라

사실 '일용할 양식'의 개념적 출발은 이스라엘 백성의 광야 경험에서 온 것입니다.

> "그때에 여호와께서 모세에게 이르시되 보라 내가 너희를 위하여 하늘에서 양식을 비같이 내리리니 백성이 나가서 일용할 것을 날마다 거둘 것이라 이같이 하여 그들이 내 율법을 준행하나 아니하나 내가 시험하리라 여섯째 날에는 그들이 그 거둔 것을 준비할지니 날마다 거두던 것의 갑절이 되리라"(출 16:4-5).

날마다 필요한 만큼 거두고 안식일을 앞두고는 갑절의 분량을 거두게 한 것입니다. 안식일에는 일하지 않기 때문입니다.

> "오멜로 되어 본 즉 많이 거둔 자도 남음이 없고 적게 거둔 자도 부족함이 없이 각 사람은 먹을 만큼만 거두었더라 모세가 그들에게 이르기를 아무든지 아침까지 그것을 남겨 두지 말라 하였으나"(출 16:18-19).

여기에 하나님의 기대가 명백하게 드러나 있지 않습니까? 모든 사람이 필요한 만큼 일용할 양식을 거두게 하는 것입니다. 그래서 다시 밝아 온 하루를 위해서는 그날의 양식을 공급하실 하나님을 의지해야 합니다. 많이 소유하면 우리는 하나님을 의지할 여지가 없어집니다.

그래서 잠언 기자의 기도는 절묘합니다.

"곧 헛된 것과 거짓말을 내게서 멀리하옵시며 나를 가난하게도 마옵
시고 부하게도 마옵시고 오직 필요한 양식으로 나를 먹이시옵소서 혹
내가 배불러서 하나님을 모른다 여호와가 누구냐 할까 하오며 혹 내
가 가난하여 도둑질하고 내 하나님의 이름을 욕되게 할까 두려워함
이니이다"(잠 30:8-9).

그러나 실제 인생에서 어떤 이는 지나치게 많이 소유하고 살지 않
습니까? 이런 성도들은 어떻게 살아야 합니까? 바로 이 질문에서 초대
교회 성도들의 인식과 실천, 특히 만나가 주는 교훈의 적용을 주목해
볼 필요가 있습니다.

"이제 너희의 넉넉한 것으로 그들의 부족한 것을 보충함은 후에 그들
의 넉넉한 것으로 너희의 부족한 것을 보충하여 균등하게 하려 함이
라 기록된 것같이 많이 거둔 자도 남지 아니하였고 적게 거둔 자도 모
자라지 아니하였느니라"(고후 8:14-15).

이 말씀에서 초대 교회의 자원적 상호 섬김 정신을 볼 수 있습니다.
많이 가진 자는 늘 자기 주변의 부족한 사람들을 살펴 나누고자 했고,
부족한 자들은 형제들의 사랑 안에서 필요를 공급받았다는 것입니다.

우리는 이 고린도후서 본문이 마게도냐교회가 기근을 만나 어려움을 겪고 있는 예루살렘교회를 섬긴 사랑을 칭찬하며 기록된 것이었음을 기억해야 합니다. 즉 필요한 것 이상으로 주어진 초대 교회 성도들은 구제와 선교로 자기들의 재원을 사용함으로 하나님 나라를 섬겼다는 것입니다. 여기에 하나님 나라의 공동체 나눔의 정신이 존재하는 것입니다. 그래서 주님은 "오늘 '우리에게' 일용할 양식을 주옵시고"라고 기도하라고 하신 것입니다. 이 기도를 하면서 자기 문제만 해결하는 것이 아니라, 더불어 존재하는 우리, 곧 하나님 나라의 백성 전체를 바라보게 하셨습니다.

지구촌교회 초창기에 선교 팀에서 열심히 섬기다가 도미한 한 교우가 있습니다. 그는 미국 프로젝트가 잘되면 교회 선교에 기여하고 싶다고 했습니다. 저는 의례적인 이야기로 받아들이고 그 이야기를 잊고 있었습니다. 그런데 최근에 그분이 저를 찾아와 주님이 필요한 것 이상으로 공급하셨다며, 이제 지구촌 선교에 기여할 때가 된 것 같다고 이야기했습니다. 특히 선교사를 훈련하는 일에 매년 4만 달러를 헌금하겠다고 해서 선교사 훈련에 그 비용을 쓰도록 조처했습니다. 이런 섬김이 바로 먼저 하나님 나라와 그 의를 구하는 구체적 실천이 아니겠습니까? 그분은 내년 선교사 기금도 준비하겠다며 내년 프로젝트를 알려 달라고 부탁했습니다.

날마다 용서를 실천하라

인생은 생존을 위한 양식으로 늘 신경을 써야 하지만, 동시에 날마다 부딪히는 인간관계를 고민하지 않을 수 없습니다. 인간관계에 대한 하나님의 최고의 명령은 이웃을 내 몸처럼 사랑하는 실천입니다. 이를 위해서는 이웃들에 대한 용서부터 실천되어야 합니다. 날마다 일용할 양식이 필요하듯, 날마다 상처를 경험하는 삶의 마당에서 용서는 사랑의 시작이기 때문입니다.

인간관계에서 얽히는 모든 죄는 도덕적 부채와 같은 것입니다. 부채에 시달리다 보면 인생을 사는 에너지를 다 상실합니다. 이런 사람이 하나님 나라 비전을 갖는 것은 불가능한 기대입니다. 그런데 예수님은 이런 부채를 우리 대신 십자가에서 다 짊어지고 이제는 자유하라고 말씀하십니다. "나도 너를 정죄하지 않는다. 내가 너를 조건 없이 용서한 것처럼 너희도 서로 용서하라." 여기 바로 하나님 나라의 삶을 사는 이들이 드려야 할 두 번째 결단이 있습니다.

> "우리가 우리에게 죄지은 자를 사하여 준 것같이 우리 죄를 사하여 주시옵고"(마 6:12).

유진 피터슨(Eugene H. Peterson)의 《메시지》(복있는사람 역간) 성경은 이 말씀을 단순하게 이렇게 번역합니다.

"아버지께 용서받은 우리도 다른 사람들을 용서하며 살게 하소서."

용서는 하나님 나라 관점에서 인생을 보는 사람들만이 적용할 수 있는 진리입니다. 요셉이 그런 인생을 산 사람의 표본 아니겠습니까? 형제들에게 목숨의 위협을 당하고 집과 고향에서 쫓겨난 그였지만, 복수의 기회가 왔을 때 형제들을 향한 그의 고백을 들어 보십시오.

"당신들이 나를 이곳에 팔았다고 해서 근심하지 마소서 한탄하지 마소서 하나님이 생명을 구원하시려고 나를 당신들보다 먼저 보내셨나이다 … 하나님이 큰 구원으로 당신들의 생명을 보존하고 당신들의 후손을 세상에 두시려고 나를 당신들보다 먼저 보내셨나니 그런즉 나를 이리로 보낸 이는 당신들이 아니요 하나님이시라 하나님이 나를 바로에게 아버지로 삼으시고 그 온 집의 주로 삼으시며 애굽 온 땅의 통치자로 삼으셨나이다"(창 45:5, 7-8).

그의 인생의 주어는 '나'가 아닌 '하나님'이었습니다. 그래서 그는 하나님이 하신 일이라고, 하나님의 주권을 수용하겠다고, 하나님 나라의 유익을 위해 허용하신 일이라고 고백할 수 있었습니다.

바울은 이렇게 고백했습니다.

"우리가 알거니와 하나님을 사랑하는 자 곧 그의 뜻대로 부르심을 입은 자들에게는 모든 것이 합력하여 선을 이루느니라"(롬 8:28).

이것을 좀 더 쉬운 일상의 사건으로 적용해 보겠습니다. 운전 중 갑자기 끼어든 앞 차량 운전자에게 우리는 어떻게 반응합니까? 어떤 사람은 욕을 하기도 하고, 따라가서 칼치기로 복수하는 사람도 있을 것입니다. 하지만 그런 때 주기도문으로 기도해 보십시오. "나라가 임하시오며(주의 권세와 통치로 저의 혈기를 다스려 주시옵고) 아버지께서 저를 용서하신 것처럼 저에게 죄지은 저 인간을 용서하게 하옵소서." 그리고 그를 축복해 보십시오. 이것이 바로 천국 백성의 이웃 사랑입니다.

시험과 악에서 승리하라

바울 사도는 성도의 삶을 산다는 것이 악의 영들에 대항하는 영적 전투라고 말합니다. 일찍이 존 번연(John Bunyan)은 성도들이 순례 여정에서 경험하는 끊임없는 유혹과 고난을 '거룩한 전쟁'(Holy War)이라고 했습니다. 인생의 모든 사건이 하나님의 손길을 거쳐 오는 것을 아는 순간 거룩하지 않은 것은 하나도 없습니다. 우리가 먹는 빵도 성찬이 됩니다. 우리에게 주어진 몸은 성전임을 알게 되고, 우리가 부르는 노래는 성가가, 우리에게 주어진 예배의 날은 성일임을 고백하게 됩니다. 그리고 우리의 고난의 싸움조차 우리를 연단하는 거룩한 전쟁임을 깨닫게 됩니다.

이 거룩한 전쟁의 실체를 이해하고 끊임없는 기도의 긴장 속에 사는 사람들이 바로 성도입니다. 이 세상에는 분명 시험과 악이 존재하고, 이런 시험과 악의 배후에는 이 세상 신이, 악마의 나라가 존재합니다. 그러나 거룩하신 하나님의 도움과 개입을 기도하는 순간, 이 세상 속으로 하나님 나라가 침투해 들어옵니다. 그리고 그 나라가 매순간 소리 없이 누룩과 겨자씨처럼 확장되어 가는 것입니다.

인간의 시조인 아담을 유혹했던 사탄 마귀는 지금도 하나님의 사람들을 유혹하며 그분의 나라를 무너뜨리고자 합니다. 그가 바로 모든 악의 근원이며 악한 자입니다. 그는 이 세상 안에 악의 체제를 구축하고자 합니다. 그래서 "우리를 시험에 들게 하지 마시옵고 다만 악에서 구하시옵소서"라는 이 마지막 기도는 '지금 여기서 사탄의 통치를 꺾고 하나님의 통치가 우리에게 임하게 하소서'라는 청원의 기도가 됩니다. 하나님의 온전한 통치가 임할 때, 즉 그의 나라가 임할 때 비로소 악의 통치는 힘을 잃고 우리는 새 하늘과 새 땅의 소망을 바라보게 될 것입니다. 그러나 이 기도의 실현은 한 사람의 몸부림으로 이루어지는 것이 아니라, 공동체의 기도를 매개로 하나님이 이루어 주실 것입니다. 그래서 우리는 '우리를 시험에 들게 하지 마시옵고'라고 기도해야 하는 것입니다.

독일 통일의 전기를 만든 동독 라이프치히 성 니콜라이 교회의 평화 기도회에 남겨진 이런 일화가 있습니다. 우리는 보통 한 사람의 시위대도 돌을 던지지 않았고 한 사람의 경찰도 무력을 사용하지 않은 것을 늘 이야기합니다만, 이 사건에도 중대한 위기는 있었습니다. 시위대의 숫자가 엄청나게 불어날 것이라는 정보를 입수한 동독 경찰은 시위대의 다음 시위를 무력으로 진압해도 좋다는 허락을 내린 바 있었다고 합니다. 기도회 후 시위대가 교회 뜰을 지나 거리로 나오면서 거대한 군중과 합세하는 순간, 한 경찰이 무기를 들었습니다. 그때 한 성도가 땅에 엎드려 주기도문을 암송하기 시작하자, 주변 사람들이 합류했습니다. 그런데 갑자기 시위대를 막고 있던 경찰 중 몇 사람도 엎드려 주기도문을 암송하기 시작합니다.

"하늘에 계신 우리 아버지여 이름이 거룩히 여김을 받으시오며 나라가 임하시오며."

그리고 그들은 이내 하나가 되어 평화 시위를 계속할 수 있었습니다. 그 나라의 통치가 그 땅에 임하고 있었습니다. "나라가 임하시오며", 이 기도가 지금 우리에게도 필요하지 않은가요?

chapter 4

좋은 땅의
비유

말씀이 깊이 뿌리박히도록
마음 밭을 일구라

좋은 땅에 떨어진 씨만이 백 배, 육십 배, 삼십 배의 열매를 맺을 수 있었다. 그 밖에 길가, 돌밭, 가시떨기 밭에 떨어진 씨는 열매를 맺을 수 없었다. '이런 밭들과 좋은 땅의 차이는 무엇인가?', '내 마음 밭은 과연 좋은 땅인가?'를 물어야 한다.

그날 예수께서 집에서 나가사 바닷가에 앉으시매 큰 무리가 그에게로 모여들거늘 예수께서 배에 올라가 앉으시고 온 무리는 해변에 서 있더니 예수께서 비유로 여러 가지를 그들에게 말씀하여 이르시되 씨를 뿌리는 자가 뿌리러 나가서 뿌릴새 더러는 길가에 떨어지매 새들이 와서 먹어 버렸고 더러는 흙이 얕은 돌밭에 떨어지매 흙이 깊지 아니하므로 곧 싹이 나오나 해가 돋은 후에 타서 뿌리가 없으므로 말랐고 더러는 가시떨기 위에 떨어지매 가시가 자라서 기운을 막았고 더러는 좋은 땅에 떨어지매 어떤 것은 백 배, 어떤 것은 육십 배, 어떤 것은 삼십 배의 결실을 하였느니라 귀 있는 자는 들으라 하시니라

목회자로 혹은 설교자로 평생을 살아오며 마음에 품게 되는 가장 절실한 물음이 있다면 '왜 같은 말씀을 받음에도 불구하고 어떤 이들은 전혀 믿음이 자라지 못하는가?' 하는 것입니다.

어떤 교회에 새로운 담임 목사가 취임해서 첫 설교를 하게 되었습니다. 교인들은 첫 설교에 상당한 은혜를 받고 이번에 목사님이 잘 오셨다는 마음을 갖게 되었습니다. 그런데 다음 주일, 목사님은 지난 주일과 똑같은 본문으로 같은 내용의 설교를 반복했습니다. 어떤 이들은 고개를 갸웃거렸지만, 대부분의 성도들은 아마 목사님이 그 메시지가 정말 중요하다고 생각해서 한 번 더 설교했을 거라고 이해했습니다. 그런데 문제는 세 번째 주일에도 똑같은 본문으로 같은 내용의 설교를 반복했다는 것입니다. 이에 몇몇 교우들이 참지 못하고 목사님을 찾아가 왜 똑같은 설교를 세 번이나 반복하느냐며 항의했습니다. 그러자 목사님은 이렇게 대답했습니다.

"예, 잘 알고 있습니다. 그런데 저는 설교의 목적이 들은 말씀에 순종하며 그것을 각자의 삶에 적용하는 것이라고 생각합니다. 하지만 저는 지난 두 주에 걸친 반복되는 강조에도 불구하고 그 말씀이 우리 중에 순종되거나 적용되고 있음을 아직 보지 못했습니다."

신학자들은 마태복음 13장을 가리켜 '천국 백성의 정체성의 비유장'이라고 말합니다. 마태복음 13장에서 일련의 천국 시리즈 비유를 말씀하실 때마다 예수님은 제자들에게 '천국은 마치'라는 표현을 반복하며 가르치십니다. 더 정확하게 말하면 '천국 백성은 마치'라는 형식으로 그리스도인의 정체성을 가르치고 계십니다.

우리는 흔히 첫 번째 비유를 '씨 뿌리는 자의 비유'라고 말합니다. 뿌려지는 복음의 씨를 하나님 나라의 백성이 어떻게 수용해야 할 것인지를 핵심으로 가르치시는 내용입니다. 본문에서 예수님은 당신이 전하신 말씀 그리고 당신의 제자들을 통해 전해질 하나님의 말씀에 사람들이 어떻게 순종하고 반응하느냐에 따라 천국 백성의 삶이 만들어질 것을 가르치십니다. 이 씨 뿌림 비유의 전제에 씨의 문제는 없습니다. 중요한 것은 씨를 받아들이는 밭(마음)의 문제입니다.

주님이 기대하신 천국 백성의 마음 밭은 '좋은 땅'입니다. 그러나 주님은 이 좋은 땅에 이르지 못하는 세 가지 마음 밭을 먼저 말씀하시고, 마지막으로 주님이 기대하신 천국 백성의 마음 밭, 좋은 땅의 본질을 말씀하고 계십니다.

길가와 같은 마음

여기서 길가란 팔레스타인의 상황에서 밭과 밭 사이에 난 길을 의미했을 것입니다. 로마의 영향으로 군사 도로인 에그나티아 같은 큰 길도 존재했지만, 대부분의 통행로는 밭과 밭 사이에 난 길이었습니다. 농부들, 마을 사람들 그리고 여행객들이 이런 길을 밟고 다녔습니다. 이런 통행이 빈번하다 보면 길은 빤질빤질해지고 마침내 굳은 땅이 됩니다. 여기에 씨가 떨어진들 그 위에 흙이 덮이지도 않을뿐더러 뿌리를 내릴 수도, 열매를 맺을 수도 없습니다.

"뿌릴새 더러는 길가에 떨어지매 새들이 와서 먹어 버렸고"(마 13:4).

예수님은 제자들에게 이런 마음 밭의 의미를 19절에서 해석해 주십니다.

"아무나 천국 말씀을 듣고 깨닫지 못할 때는 악한 자가 와서 그 마음에 뿌려진 것을 빼앗나니 이는 곧 길가에 뿌려진 자요"(마 13:19).

이미 이런 이들의 마음은 굳은 땅 같아서 말씀을 흡수하지 못해 악한 자, 곧 마귀가 즉시로 그 말씀을 빼앗아 감으로 말씀의 결실을 기대할 수 없습니다. 저는 이런 유형의 그리스도인들을 '명목상의 그리스도인'(Nominal Christian, name only Christian)이라고 부르고 싶습니다. 이름만 그리스도인이지 말씀에 대한 관심도, 열정도 없습니다. 말씀을 받는 자리에는 나와 있지만 말씀이 그 마음에 정착할 여지가 없는 교인들인 것입니다.

C. S. 루이스(Lewis)의 《스크루테이프의 편지》(홍성사 역간)에 보면 이

런 이야기가 나옵니다. 어떤 노신사가 도서관에서 기독교 서적을 우연하게 손에 잡고 읽다가 신앙에 대한 관심이 조금 일어나려고 합니다. 그 순간 시계를 보니 점심시간이 다가옵니다.

"에이, 밥이나 먹고 생각하자."

식사를 하다 보니 그의 생각은 다시 오후 시간에 그를 기다리는 여러 일로 분주해집니다. 그리고 잠시 가진 신앙에 대한 관심은 다시 저 멀리 도망가 버립니다. 이런 신사를 보고 악마는 그의 뒤에서 회심의 미소를 짓습니다. 그의 바쁜 일상이 말씀의 정착을 방해한 것이고, 그런 배후에는 악마의 사역이 있다는 것입니다. 교회 예배 시간에 설교를 들으며 생긴 약간의 관심, 그러나 점심시간이 지나고 오후가 되면 그 말씀은 나와 아무런 상관이 없어집니다. 이렇게 세월은 지나고 말씀은 나의 실제적 삶과 아무런 상관이 없습니다. 이것이 명목상의 그리스도인들의 모습입니다. 그들의 마음은 길가와 같은 것입니다.

돌밭과 같은 마음

이스라엘을 방문해 보면 실제로 그곳에 돌밭이 많은 것을 보게 됩니다. 특히 석회석(Limestone)이 많아서 씨를 뿌리면 당연히 뿌리를 내리거나 열매를 맺지 못합니다.

"더러는 흙이 얇은 돌밭에 떨어지매 흙이 깊지 아니하므로 곧 싹이 나오나 해가 돋은 후에 타서 뿌리가 없으므로 말랐고"(마 13:5-6).

이런 돌밭은 어떤 사람들의 마음 밭인지 이제 예수님의 해설에 귀를 기울여 보십시오.

"돌밭에 뿌려졌다는 것은 말씀을 듣고 즉시 기쁨으로 받되 그 속에 뿌리가 없어 잠시 견디다가 말씀으로 말미암아 환난이나 박해가 일어날 때에는 곧 넘어지는 자요"(마 13:20-21).

저는 이런 교인들을 '피상적 그리스도인'(Superficial Christian)이라고 부르고 싶습니다. 이들은 교회에서 선포되는 말씀에 일시적으로 동의도 하고 함께 웃거나 함께 울기도 하면서 공감할 수 있는 사람들입니다. 그러나 어느 한순간 이 신앙이 불편을 가져다주거나 물질적 손해를 끼친다고 하면 언제든 신앙과 작별할 준비가 되어 있는 사람들입니다.

존 번연의《천로역정》을 읽어 보면 크리스천이 멸망의 도시를 떠날 때 전도자에게 받은 메시지에 공감하며 함께 떠난 동료 중에 변덕 씨(Pliable, 유약 혹은 연약이라고도 번역됨)가 있었습니다. 그는 천국과 영생의 말씀을 들을 때 "이 말씀을 듣고 내 마음은 황홀경에 사로잡혔다"고 고백했습니다. 그러나 얼마 가지 않아 크리스천과 함께 절망의 늪에 도달하고 그곳에 빠지는 고난을 당하자 변덕 씨는 화를 내며 항의합니다.

"이것이 당신이 말한 영원한 행복이란 말이오? 우리가 이 길을 떠나

온 지 얼마 안 되어 벌써부터 이런 무서운 고생이 있다면, 앞으로 어떤 고생이 있을지 어찌 안단 말이오?"

그리고 그는 다시 멸망의 도시로 돌아갑니다. 바로 이것이 믿음의 여정이 오래갈 수 없는 피상적 그리스도인, 혹은 감정적 그리스도인의 모습이라고 할 수 있습니다.

최근 중국에서 다시 기독교에 대한 박해가 심해지면서 많은 선교사님들이 추방되고 있는데, 과거 문화혁명이 시작되어 선교사들이 추방 명령을 받았을 때 한 선교사님이 중국 지도자와 작별의 차를 나누면서 잘 견딜 수 있겠느냐고 물었다고 합니다. 그때 중국 지도자는 이렇게 말했다고 합니다.

"선교사님, 이 차가 제 맛을 내려면 뜨거운 물에 우려내야 하지 않습니까? 이 고난은 진짜 성도와 가짜를 구별하는 계기가 될 것입니다. 진짜들은 모두 잘 견딜 것입니다."

고난을 견디지 못하는 가짜들이 바로 이런 피상적 돌밭 교인들입니다.

가시떨기와 같은 마음

"더러는 가시떨기 위에 떨어지매 가시가 자라서 기운을 막았고"(마 13:7).

이런 가시밭과 같은 마음을 가진 이들에 대한 주님의 해석을 읽어 보십시오.

> "가시떨기에 뿌려졌다는 것은 말씀을 들으나 세상의 염려와 재물의 유혹에 말씀이 막혀 결실하지 못하는 자요"(마 13:22).

이들에게는 말씀에 대한 관심과 열정이 있었습니다. 말씀을 사모해서 열심히 경청하기도 했습니다. 그러나 문제는 이들에게 말씀에 대한 관심보다 더 큰 다른 관심, 더 큰 다른 욕심이 있었다는 것입니다. 바로 재물의 욕심이 있었습니다. 마치 예수님이 어느 날 들려주신 부자 청년 관원을 연상시키는 사람들입니다. 그에게는 영생에 대한 갈망과 관심이 있었습니다. 하지만 재물을 버리고 예수님을 따를 수는 없었습니다. 결국 예수님을 등지고 떠났습니다. 이런 사람들이 바로 가시밭 교인들의 모습입니다. 저는 이런 사람들을 '세속적 그리스도인'(Worldly Christian)이라고 부르고 싶습니다.

《천로역정》에도 이런 구도자가 등장합니다. 크리스천과 그의 순례 동행자 소망이 순례의 길에서 은광으로 들어가는 길을 권하는 데마를 만납니다. 데마는 성경에서 어떻게 묘사되어 있습니까?

> "데마는 이 세상을 사랑하여 나를 버리고 데살로니가로 갔고 그레스게는 갈라디아로, 디도는 달마디아로 갔고"(딤후 4:10).

지금도 얼마나 많은 믿음의 순례자들이 이런 은광 혹은 금광의 유혹을 이기지 못하고 구도의 길에서 탈선하고 있는지요? 왜 그럴까요? 황금과 하나님을 구별하지 못해서입니다. 아니, 황금이 하나님으로 보이기 때문입니다. 영어로 Gold와 God은 철자 하나의 차이입니다. Gold에서 'L'을 빼면 God이 되지 않습니까? 세상에 대한 관심과 재물의 유혹에 사로잡힌 세속적 그리스도인들은 아무리 오래 말씀을 듣는 자리에 있어도 말씀의 열매가 없습니다. 세속적 욕망을 극복하지 못하기 때문입니다.

좋은 땅과 같은 마음

그렇다면 참된 하나님 나라 백성의 마음은 어떤 밭이어야 할까요? 바로 좋은 땅입니다.

"더러는 좋은 땅에 떨어지매 어떤 것은 백 배, 어떤 것은 육십 배, 어떤 것은 삼십 배의 결실을 하였느니라"(마 13:8).

문제는 우리 마음을 어떻게 관리해야 30배, 60배, 100배의 열매를 맺는 마음 밭으로 가꿀 수 있느냐는 것입니다. 그 대답을 누가가 증언한 예수님의 대답을 통해 찾아보겠습니다.

"좋은 땅에 있다는 것은 착하고 좋은 마음으로 말씀을 듣고 지키어 인내로 결실하는 자니라"(눅 8:15).

여기 이 마음 밭을 돌밭, 가시밭과 비교해 보십시오. 돌밭 교인도 말씀을 듣고, 가시밭 교인도 말씀을 듣습니다. 차이는 무엇입니까? 지키고 인내함이 없다는 것입니다. 말씀을 듣는 목적이 무엇입니까? 지키기 위해, 다른 말로 행하기 위해서입니다. 듣는 것만으로는 이 말씀이 우리에게 변화를 약속하지 않습니다. 그래서 사도 요한은 이렇게 말합니다.

"이 예언의 말씀을 읽는 자와 듣는 자와 그 가운데에 기록한 것을 지키는 자는 복이 있나니 때가 가까움이라"(계 1:3).

말씀이 복이 되려면 그대로 행하고 지키려는 의지를 가지고 말씀을 들어야 합니다. 그리고 그 행함은 일회적인 실험이 아니라 지속적인 순종이어야 합니다. 그때에만 이 말씀은 30배, 60배, 100배의 결실을 약속하는 것입니다.

11세기 신성로마제국에 하인리히 3세라는 왕이 있었습니다. 그는 한때 정치가로 나라를 다스리는 일에 환멸을 느끼고 수도사가 되고픈 마음이 생겨 그가 존경하던 수도원장을 찾아가 자신과 같은 사람도 수도사가 될 수 있는지를 물었다고 합니다.

수도원장이 왕에게 물었습니다.

"모든 수도사 후보들은 '순명, 순결, 청빈'의 세 가지 약속을 한다는 것을 아시는지요?"

"예. 들어서 알고 있습니다."

"그중에서도 제일 중요한 것이 순명, 곧 순종입니다. 제가 왕께서 이 것을 시행하실 수 있는지 시험해도 좋겠습니까?"

"물론이지요."

이때 수도원장은 이렇게 말했습니다.

"그러면 제가 첫째로 왕께서 수도사 후보로 순종할 문제를 드리겠습니다. 지금 이 나라 백성은 힘 있는 자들에 의한 학대로 많이 힘들어 하고 있습니다. 일단 궁으로 돌아가 백성의 눈물을 씻어 주면서 그들을 잘 섬기다 오시면 다음 숙제를 드리겠습니다."

지혜로운 수도원장이지요? 말씀을 지키는 것은 저 깊은 산속에 들어가서 하는 일이 아닙니다. 날마다의 치열한 삶의 마당에서 이웃들을 격려하고 섬기고 세우며 살아가는 일입니다. 결국 모든 말씀의 명령은 두 가지로 요약되지 않습니까? "네 마음을 다하며 목숨을 다하며 힘을 다하며 뜻을 다하여 주 너의 하나님을 사랑하고 또한 네 이웃을 네 자신같이 사랑하라"(눅 10:27). 이런 선한 마음으로 말씀을 받고 지킬 때, 우리는 천국 백성다운 백성이 될 것입니다.

chapter 5

곡식과 가라지의
비유

**말씀에 순종할 때 알곡 신자,
알곡 제자가 된다**

한 밭에서 함께 자라고 있는 곡식과 가라지. 우리는 당장 가라
지를 뽑아 던지고 싶은 충동을 느낀다. 그런데 주인은 추수 때
까지 함께 두라고 하신다. 가라지를 뽑다가 곡식까지 뽑을까 두
렵다고 하신다. 곡식과 가라지의 신비는 이 땅에서 이루어지는
천국의 신비다.

| 마태복음 13:24-30 |

예수께서 그들 앞에 또 비유를 들어 이르시되 천국은 좋은 씨를 제
밭에 뿌린 사람과 같으니 사람들이 잘 때에 그 원수가 와서 곡식 가
운데 가라지를 덧뿌리고 갔더니 싹이 나고 결실할 때에 가라지도 보
이거늘 집주인의 종들이 와서 말하되 주여 밭에 좋은 씨를 뿌리지
아니하였나이까 그런데 가라지가 어디서 생겼나이까 주인이 이르되
원수가 이렇게 하였구나 종들이 말하되 그러면 우리가 가서 이것을
뽑기를 원하시나이까 주인이 이르되 가만두라 가라지를 뽑다가 곡
식까지 뽑을까 염려하노라 둘 다 추수 때까지 함께 자라게 두라 추수
때에 내가 추수꾼들에게 말하기를 가라지는 먼저 거두어 불사르게
단으로 묶고 곡식은 모아 내 곳간에 넣으라 하리라

우리에게 잘 알려진 유명한 프랑스 작가 모파상(Guy de Maupassant)의 작품 중에 《목걸이》라는 단편 소설을 기억합니다. 주인공인 마틸드는 아름답고 매력적인 미모를 가졌지만 운명의 장난으로 가난한 집에서 자라나 하급 공무원인 루아젤과 결혼을 합니다. 어느 날 남편이 장관 집에서 열리는 파티에 갈 수 있는 티켓을 가지고 집에 옵니다. 남편의 비상금, 여름 휴가비를 털어 고급스런 옷을 사지만 근사한 목걸이 없이는 참석이 난처하다고 판단해, 부자 친구에게 눈부신 다이아몬드 목걸이를 빌려 파티에 참석합니다. 자신의 아름다운 모습을 뽐내며 정신없이 춤을 추고 새벽 4시에 귀가한 그녀는 목걸이를 잃어버린 것을 발견합니다. 부부는 전 재산을 처분하고 돈을 빌려 똑같은 목걸이를 사서 친구에게 돌려준 뒤 그 돈을 갚기 위해 10년 동안 궁핍한 생활을 합니다. 이제 마틸드는 심신이 늙고 피곤한 여인이 되었습니다. 그러던 어느 날, 길에서 목걸이를 빌려 주었던 친구를 만나 그 목걸이 탓에 고생한 이야기를 털어놓았는데, 그녀는 그 친구로부터 충격적인 말을 듣게 됩니다. 그때 빌려 준 목걸이가 가짜였다고 말입니다. 10년간 그녀는 가짜를 위해 자신의 인생을 낭비한 것을 뒤늦게 깨닫는다는 이야기입니다.

최근 우리 사회의 관심 중 하나는 가짜 뉴스(fake news)의 폭발입니다. 인터넷과 유튜브의 자율적 사용이 가능한 시대의 흐름을 타고 온갖 자의적이고 주관적인 뉴스들이 생성되면서 우리는 무엇이 진짜고 무엇이 가짜인지를 구별 못 하는 혼란을 경험하고 있습니다. 그런데 이런 혼란은 우리가 이 땅에서 구현해 가는 하나님 나라에도 존재합니다. 하나님 나라 밭에 곡식과 가라지가 함께 자라고 있습니다. 천국 백성도 모두 진짜가 아니라, 진짜와 가짜가 섞여 있다는 것입니다.

> "집주인의 종들이 와서 말하되 주여 밭에 좋은 씨를 뿌리지 아니하였나이까 그런데 가라지가 어디서 생겼나이까"(마 13:27).

예수님은 이 비유를 친히 해설하시면서 가라지를 뿌린 원수는 마귀라고 그리고 그 가라지는 천국 아들 중에 섞여 있는 악한 자의 아들들이라고 말씀하십니다.

> "밭은 세상이요 좋은 씨는 천국의 아들들이요 가라지는 악한 자의 아들들이요 가라지를 뿌린 원수는 마귀요 추수 때는 세상 끝이요 추수꾼은 천사들이니"(마 13:38-39).

이것이 바로 '곡식과 가라지'의 비유입니다. 이 비유가 오늘을 사는 천국 백성에게 교훈하는 메시지는 무엇입니까?

먼저 알곡이 되라

우리는 이 비유를 '곡식과 가라지의 비유'라고 부르지만, 가라지와의 극적 대조를 부각하기 위해 곡식 대신에 '알곡과 가라지의 비유'라고도 부릅니다. 우선 이 알곡은 좋은 땅에 좋은 씨가 떨어진 결과입니다.

> "예수께서 그들 앞에 또 비유를 들어 이르시되 천국은 좋은 씨를 제 밭에 뿌린 사람과 같으니"(마 13:24).

이제 이 비유를 예수님이 다시 해석하시는 말씀을 들어 보십시오.

> "대답하여 이르시되 좋은 씨를 뿌리는 이는 인자요 밭은 세상이요 좋은 씨는 천국의 아들들이요 가라지는 악한 자의 아들들이요"(마 13:37-38).

그리고 예수님은 이 비유 해석의 마지막 구절에서 이렇게 말씀하십니다.

> "그때에 의인들은 자기 아버지 나라에서 해와 같이 빛나리라 귀 있는 자는 들으라"(마 13:43).

즉 알곡 신자들을 아버지 나라에서 해같이 빛날 의인들이라고 말씀하십니다. 우리는 세상의 빛이요, 생명의 빛이신 예수님을 믿고 영접한 순간부터 의롭다 함을 받고 의인 된 삶을 시작합니다. 그러나 의인다운 의인됨은 평생을 통해 만들어져 갑니다.

이미 우리는 씨 뿌리는 자의 첫 비유에서 좋은 땅에 떨어졌다는 것은 말씀을 듣고 깨닫는 자라는 것을 배웠습니다.

> "좋은 땅에 뿌려졌다는 것은 말씀을 듣고 깨닫는 자니 결실하여 어떤 것은 백 배, 어떤 것은 육십 배, 어떤 것은 삼십 배가 되느니라 하시더라"(마 13:23).

그리고 말씀을 듣고 깨닫는 것에 누가복음은 한 가지를 더 추가한다는 것도 배웠습니다.

> "좋은 땅에 있다는 것은 착하고 좋은 마음으로 말씀을 듣고 지키어 인내로 결실하는 자니라"(눅 8:15).

그것은 말씀을 듣고 깨달을 뿐 아니라 말씀을 지켜야 한다는 것입니다. 성도의 성도됨, 곧 우리 인격의 성화는 말씀에 대한 지속적인 순종과 그것을 자신의 삶에 적용할 때 이루어집니다. 그리스도인이 되는 것은 예수님을 영접하는 순간이지만, 그리스도인다운 그리스도인이 되는 것은 평생의 과정을 거치는 것입니다. 예수님을 따르는 제자가 되는 것은 예수님을 따르기 시작한 순간에 되는 것이지만, 제자다운 제자가 되는 것은 평생의 과정을 거치는 것입니다. 'Becoming process'(되어 감의 과정)를 통해 제자의 인격이 만들어져 가는 것입니다. 말씀에 대한 묵상 그리고 말씀과의 대화, 말씀에 대한 순종이 가져다주는 결과물이 바로 알곡 신자 혹은 알곡 제자입니다. 그러므로 본문의 비유가 가르치는 첫째 도전은 너희, 곧 우리가 먼저 '알곡이 되라'는 것입니다.

가라지 분별에 시간 낭비하지 말라

"사람들이 잘 때에 그 원수가 와서 곡식 가운데 가라지를 덧뿌리고 갔더니"(마 13:25).

예수님이 친히 이 가라지는 악한 자의 아들들이라고, 가라지를 뿌린 원수는 마귀(마 13:38-39)라고 해석하십니다. 여기 가라지는 아마 독보리 같은 존재였을 것입니다. 독보리는 성장의 초기 단계에는 밀과 흡사해 보이기 때문에 밀 이삭이 나타날 때에야 구분이 가능한 유해 식물입니다. 그리고 본문이 증언하는 것처럼 이 가라지는 '곡식 가운데' 덧뿌려졌기에 분별이 더 힘들었습니다. 즉 진짜 성도들 중에 가짜가 섞여 존재하며 자라나고 있었던 것입니다. 마치 옛날 이스라엘 백성이 출애굽을 할 때 이스라엘 백성의 무리 중에 섞여 있는 자들이 있었던 것처럼 말입니다.

"그들 중에 섞여 사는 다른 인종들이 탐욕을 품으매 이스라엘 자손
도 다시 울며 이르되 누가 우리에게 고기를 주어 먹게 하랴"(민 11:4).

이스라엘이 아닌 섞여서 광야로 나온 사람들이 불평하고 원망하매
하나님의 백성이 거기에 전염되어 함께 원망한 역사를 읽을 수 있습
니다. 그런데 문제는 이 섞여 사는 가짜들을 분별하기가 쉽지 않다는
사실입니다.

"주인이 이르되 원수가 이렇게 하였구나 종들이 말하되 그러면 우리
가 가서 이것을 뽑기를 원하시나이까 주인이 이르되 가만두라 가라지
를 뽑다가 곡식까지 뽑을까 염려하노라"(마 13:28-29).

여기 가라지 분별에 너무 시간 낭비를 말아야 할 이유를 주님이 친
히 말씀하십니다. 무엇보다 가라지를 뽑다가 알곡이 다칠 수 있기 때
문입니다. 우리는 우리의 분별 능력이 불완전함을 알아야 합니다. 또
한 알곡과 가라지는 언젠가 시간이 흐르면 스스로 그들의 진면목을 드
러낼 것이기 때문입니다. 처음 시작은 알곡이나 가라지나 유사합니
다. 과정도 어느 정도 유사할 수 있습니다. 그러나 악한 자, 마귀에 속
한 이들은 마침내 그 마각을 드러내고야 맙니다. 그들의 끝은 다를 수
밖에 없습니다. 이단(異端)의 한자어의 뜻이 무엇입니까? 끝이 다르다
는 것입니다. 예수님은 이 가라지들의 마지막 운명을 경고하십니다.

"그런즉 가라지를 거두어 불에 사르는 것같이 세상 끝에도 그러하리라"(마 13:40).

"둘 다 추수 때까지 함께 자라게 두라 추수 때에 내가 추수꾼들에게 말하기를 가라지는 먼저 거두어 불사르게 단으로 묶고 곡식은 모아 내곳간에 넣으라 하리라"(마 13:30).

주님이 마지막에 알아서 처리하신다는 것입니다. 그러므로 우리는 누가 알곡인가, 누가 가라지인가를 분별하는 일에 너무 시간 낭비를 할 필요가 없습니다. 심판은 주님이 하실 것이기 때문입니다.

지금은 좋은 씨를 뿌릴 은혜의 때임을 기억하라

본문의 비유는 심판의 때는 반드시 온다는 것을 가르칩니다. 그러나 아직 그 심판의 때는 오지 않았습니다. 지금은 은혜의 때입니다. 바울 사도가 말한 바로 그 은혜의 때입니다.

"이르시되 내가 은혜 베풀 때에 너에게 듣고 구원의 날에 너를 도왔다 하셨으니 보라 지금은 은혜 받을 만한 때요 보라 지금은 구원의 날이로다"(고후 6:2).

이 은혜의 때에 주님과 함께 좋은 땅을 찾아 좋은 씨를 뿌리면 됩니다. 복음을 기다리는 사람들이 이 세상에 얼마든지 널려 있습니다. 그들을 찾아 부지런히 복음을 전하고, 복음을 받아들인 사람들에게 말씀을 지키고 살도록 가르치는 것, 그것이 우리가 할 일입니다. 세상은 악한 자에 의해 조종되고 악한 영향을 받고 있지만 여전히 성경적 가치를 기다리며 사모하고 있습니다. 좋은 씨를 기다리고 있는 것입니다. 세상은 어둡지만, 그러기에 세상은 더욱 빛을 필요로 합니다. 우리는 어둠을 비난하는 일에 시간을 낭비하기보다 능동적으로 빛을 전해야 합니다. 우리가 경험한 빛의 진실을 전해야 합니다.

모파상의 가짜 목걸이 이야기로 이 장을 시작했는데, 목걸이 이야기를 하나 더 소개하고 싶습니다. 2018년 4월, 바버라 부시(Barbava Bush) 전 미국 영부인, 대통령의 아내였고 대통령의 어머니였던 그녀가 세상을 떠났을 때 화제가 된 에피소드가 있습니다. 그것은 그녀가 평생하고 다닌 진주 목걸이가 싸구려 가짜 제품이었다는 사실입니다. 지금도 그 동종의 진주 목걸이는 32달러 정도에 잘 팔리고 있다고 합니다. 그러나 뉴스들은 그녀가 살아간 인생의 족적만은 목걸이처럼 가짜가 아닌 진짜였다고 전했습니다. 그녀가 미국의 가장 대표적 페미니즘(Feminism) 학교로 알려진 웰즐리 여자 대학(Wellesley College) 졸업식 축사 연사로 초청되었을 때의 이야기입니다. 일부 학생들이 그녀의 가치가 지나치게 보수적이라는 것을 말하지 못하고 대신 대통령의 아내라는 이유만으로 그녀가 연사가 되는 것을 반대한다고 했을 때,

그녀는 그것이 합리적인 반대라는 반응을 보였다고 합니다. 그러면서 자신도 대통령의 아내라는 이유만으로 연사가 되는 것은 원치 않는다고 이야기했다 합니다. 결국 졸업식에 초대받은 그녀는 졸업 연설에서 이런 말을 남깁니다.

"여러분은 인생의 끝자리에서 시험을 하나 더 패스하지 못한 것을 후회하지 않을 것입니다. 또 한 번의 평결에서 승리하지 못한 것을 후회하지 않을 것입니다. 또 하나의 거래를 더 성사시키지 못한 것을 후회하지 않을 것입니다. 그러나 여러분은 여러분의 배우자, 여러분의 자녀, 여러분의 친구 그리고 여러분의 부모와 좀 더 시간을 보내지 못한 것을 후회할 것입니다. 여러분이 경험해야 할 가장 중요한 인생의 사건 중 하나는 결혼을 하고 자녀를 갖는다면 부모가 된다는 사실입니다. 나는 여러분이 가정의 가치, 이 가정의 성공에 우선순위를 두게 되기를 기대합니다."

이 명연설은 그녀의 진실된 삶의 고백이었습니다. 그녀는 대통령의 부인이지만 모든 것을 절약하며 살았고, 수수한 차림으로 누구든지 편안하게 맞아 주었으며, 무엇보다 가정의 삶에 우선순위를 두고 최선을 다한 아내로서, 어머니로서의 삶을 살고자 했습니다. 그리고 거기에 더해 기독교 신앙의 가치를 소중히 여겨 믿음으로 자녀들을 그리스도의 제자로 그리고 하나님을 경외하는 지도자들로 길러 냈습니다. 그녀는 어둠을 공격하기보다 빛을 드러내고자 한 것입니다.

지금은 좋은 씨를 뿌릴 때입니다. "새벽부터 우리 사랑함으로써 저녁까지 씨를 뿌려"야 합니다. 마귀가 악한 씨를 뿌릴 때, 우리는 더 좋은 씨를 더 좋은 땅에 더 많이 뿌려야 합니다. 악한 자가 증오함으로 이념의 씨를 뿌리고 있을 때, 우리는 사랑함으로 복음의 씨를 뿌려야 합니다. 새찬송가 496장(<새벽부터 우리>)의 가사처럼 말입니다.

새벽부터 우리 사랑함으로써 저녁까지 씨를 뿌려 봅시다
열매 차차 익어 곡식 거둘 때에 기쁨으로 단을 거두리로다
거두리로다 거두리로다 기쁨으로 단을 거두리로다

비가 오는 것과 바람 부는 것을 겁을 내지 말고 뿌려 봅시다
일을 마쳐 놓고 곡식 거둘 때에 기쁨으로 단을 거두리로다
거두리로다 거두리로다 기쁨으로 단을 거두리로다

씨를 뿌릴 때에 나지 아니할까 염려하며 심히 애탈지라도
나중 예수께서 칭찬하시리니 기쁨으로 단을 거두리로다
거두리로다 거두리로다 기쁨으로 단을 거두리로다

지금은 은혜의 때, 추수의 때에 좋은 곡식을 거둘 기쁨의 시간을 바라보며 좋은 씨를 부지런히 뿌릴 때입니다. 지금은 그 종말론적 소망을 바라보며 땀을 흘려 복음의 좋은 씨를 뿌릴 시간입니다.

chapter 6

겨자씨 한 알의
비유

부족함이 하나님의 풍족함을
소망케 한다

자신의 작음과 왜소함으로 열등감을 느낀 일이 있었는가? 그런
데 주님은 천국이 겨자씨 한 알과 같다고 하신다. 겨자씨는 작
은 것이지만 자라난다. 그리고 마침내 나무 그늘을 만들고 공
중의 새들이 깃들인다. 여기 천국의 비전을 향한 우리의 시각
이 열려야 한다.

| 마태복음 13:31-32 |

또 비유를 들어 이르시되 천국은 마치 사람이 자기 밭에 갖다 심은 겨자씨 한 알 같으니 이는 모든 씨보다 작은 것이로되 자란 후에는 풀보다 커서 나무가 되매 공중의 새들이 와서 그 가지에 깃들이느 니라

어떤 시인 겸 가수가 한 인터뷰에서 이렇게 말했습니다. "내가 할 수 있는 일은 나 자신이 되는 겁니다. 그게 누구든 말입니다"(All I can do is be me-whoever that is). 음유 시인이며 가수인 밥 딜런(Bob Dylan)의 고백입니다. 자기 정체성에 대한 고민이 묻어 나오는 시입니다.

유대인으로 태어난 그는 어려서부터 왕따를 경험하며 자아상의 방황을 시작했다고 합니다. 그의 생애를 그린 영화로 〈아임 낫 데어〉(I'm not there)라는 작품이 있는데, 이 영화의 특이한 점은 밥 딜런 한 사람의 삶을 묘사하기 위해 무려 여섯 명의 다른 배우가 연기를 했다는 사실입니다. 그만큼 밥 딜런은 여러 얼굴의 자아상을 가진 방황의 인생을 살았습니다.

처음에 그는 기존 사회를 비판하고 풍자하는 노래를 부르면서 세계적 스타가 됩니다. 하지만 1970년대에 들어서면서 아내와 이혼하고 다섯 자녀의 양육권을 상실했으며, 그가 제작한 영화까지 처참하게 실패해 생의 벼랑 끝 절망을 경험합니다. 그런데 이 절망의 터널 끝인 1979년에 그는 (본래 유대인이었지만) 성경 공부를 하다가 예수 그리스도를 만나 방황을 끝내고 그리스도인이라는 자신의 정체성을 고백하게 됩니다. 그는 그리스도인이 된 후 〈마음속 크리스마스〉(Christmas in the Heart)라는 앨범에서 이렇게 노래합니다.

나는 광야의 길을 걷고 있어요

내 영혼의 안식처를 찾기까지

나는 내가 뒤에 남겨지리라 생각해 본 적이 없어요

이 저물어 가던 때에 한 음성을 들었어요

평안하라, 형제여. 평안히 기도하라

그것은 먼 길이죠. 아주 멀고 좁은 길이에요

그가 광야 같은 인생에서 이제 순례의 길을 걷는 영혼의 순례자가 된 것을 고백하는 노래입니다.

도대체 그리스도인은 누구입니까? 마태는 하나님 나라 장으로 유명한 마태복음 13장에서 그리스도인의 정체성을 가르칠 때마다 '천국은 마치'라는 표현을 사용합니다. 더 정확하게 말하면 '천국 백성은 마치'입니다.

"또 비유를 들어 이르시되 천국은 마치 사람이 자기 밭에 갖다 심은 겨자씨 한 알 같으니"(마 13:31).

여기서 성경의 기자인 마태는 그리스도인 혹은 천국 백성의 정체성을 겨자씨 한 알 같은 존재라고 말하고 있습니다.

"이는 모든 씨보다 작은 것이로되 자란 후에는 풀보다 커서 나무가 되매 공중의 새들이 와서 그 가지에 깃들이느니라"(마 13:32).

여기 '작은 것'은 희랍어로 '미크로스'(mikros)라 합니다. 우리는 하나님 나라에 속한 백성이지만 세상 속에서 그 존재는 겨자씨 한 알처럼 지극히 작고 미미한, '마이크로'(미크로스)한 존재에 불과하다는 것입니다. 그러나 마태는 이 비유를 통해 우리의 작고 미미함을 묘사하고자 하는 것이 아닙니다. 그 작음에도 불구하고 겨자씨 안에는 생명이 있음을 일깨우고자 하는 것입니다. 그리고 생명이 있는 겨자씨의 성장을 통해 우리가 깨달아야 할 하나님 나라의 비밀을 가르치는 것입니다. 천국 백성의 자아실현을 위해 깨달아야 할 비밀은 무엇입니까?

작은 실존을 부끄러워하지 말라

정체성의 위기를 겪는 새끼 호랑이가 있었습니다. 그는 자주 아빠 호랑이를 찾아 물었습니다.

"아빠, 내가 호랑이 새끼 맞아요?"

"그럼, 맞고말고."

하지만 다시 확신이 흔들리자 이번에는 엄마를 찾아가 물었습니다.

"엄마, 나 호랑이 새끼 맞아요?"

"맞고말고."

한동안 잘 지내던 그가 길에서 활과 도끼를 들고 숲속을 휘젓고 다니던 사냥꾼과 맞부딪치게 되었습니다. 자기 앞에 웬 짐승 새끼가 얼쩡거리자 사냥꾼이 말했습니다.

"야, 개새끼야. 비켜!"

이 말을 들은 새끼 호랑이는 다시 고민하기 시작했습니다.

"맞아. 난 호랑이 새끼가 아니라 개새끼에 불과할지 몰라!"

오늘날 세상은 우리 그리스도인을 가리켜 개독교인이라고 말합니다. 그런데 불행한 사실은 우리가 그것을 믿기 시작했다는 것입니다. 우리는 정말 개독교인입니까? 물론 우리가 잘못하는 많은 실수가 우리를 그렇게 보이게 한 것은 전적으로 우리의 책임입니다. 그럼에도 불구하고 우리가 예수를 구주와 주님으로 영접한 사람들이라면, 성경은 우리가 하나님의 자녀, 하나님의 백성이라고 선포합니다. 우리의 존재가 세상 속에서 아무리 왜소해도 우리가 하나님의 생명을 지닌 그분의 자녀인 것은 사실이 아닙니까?

> "아들이 있는 자에게는 생명이 있고 하나님의 아들이 없는 자에게는 생명이 없느니라"(요일 5:12).

겨자씨가 아무리 작아도 소중한 것은 그 안에 생명이 있기 때문입니다. 그러므로 우리가 미미하고 작은 존재로 이 땅에서 산다고 할지라도 부끄러워 말아야 합니다. 우리 안에는 그리스도의 영원한 생명이 있기 때문입니다. 또한 우리가 그리스도인이라는 사실 때문에 고난을 당한다면, 우리는 부끄러워할 필요가 없습니다.

> "만일 그리스도인으로 고난을 받으면 부끄러워하지 말고 도리어 그
> 이름으로 하나님께 영광을 돌리라"(벧전 4:16).

역사에 이런 일화가 있습니다. 페르시아의 유명한 황제인 다리우스
3세(Darius III)가 서방으로 진출하며 알렉산더(Alexander) 군대와 일전을
치르게 되었습니다. 그때 다리우스가 알렉산더에게 선전 포고를 하며
참깨가 가득 들어 있는 자루 하나를 선물로 보냈다고 합니다. '우리 군
대는 이렇게 많다'는 메시지였습니다. 이때 알렉산더는 응답으로 작은
봉투에 겨자씨 한 알을 넣어 보냈다고 합니다. '작다고 우리를 무시하
지 마라. 우리는 겨자 씨앗처럼 놀라운 생명력을 지니고 있다'는 메시
지였습니다. 물론 이 전쟁에서 알렉산더가 승리합니다.

그렇습니다. 우리는 작고 미미하지만, 그리스도의 영원한 생명을
지닌 그리스도인이란 정체성을 부끄러워하지 않아야 할 것입니다.

작은 실존의 '성장 가능성'을 믿으라

> "이는 모든 씨보다 작은 것이로되 자란 후에는 풀보다 커서 나무가 되
> 매 공중의 새들이 와서 그 가지에 깃들이느니라"(마 13:32).

팔레스타인의 겨자씨의 직경은 1밀리미터라고 합니다. 얼마나 작은지 모릅니다. 무게는 1밀리그램밖에 되지 않습니다. 그런데 이런 겨자씨가 무난하게 자라면 평균 1.5미터, 어떤 종자들은 3미터, 특별한 종자 중에는 4미터 이상 자라는 것들도 있다고 합니다. 우리는 작은 겨자씨 한 알 같은 존재에 불과하지만 놀라운 성장의 잠재력을 가진 존재임을 잊지 말아야 합니다.

몇 해 전 우연히 아름다운 동화 한 편을 읽게 되었습니다. 동화작가 문미영이 쓴《권민 장민 표민》(푸른책들)이란 책입니다. 초등학교 5학년 1반 교실에 민지라는 같은 이름을 가진 세 소녀의 이야기입니다. 권민지, 장민지, 표민지. 처음엔 본인들도 반의 친구들도 모두 불편해했습니다. 그래서 반 친구들은 껑다리(큰) 민지, 어중간(중간) 민지, 꼬맹이(작은) 민지라는 별명을 붙여 이들을 호명하기 시작했습니다. 그러다가 껑다리 민지인 권민지에게는 여장남자(남자처럼 생겼다고)란 별명을 붙이기도 하고, 장민지는 얼음공주(친구들과 어울리지 못한다고)라고 부르기도 했습니다. 물론 이런 바람직하지 못한 별명은 이들을 더 힘들고 지치게 했습니다.

그러던 중 이들은 우연히 두 차례에 걸쳐 민지 회의를 가진 후 이름 끝에 '지'자를 떼고 권민, 장민, 표민으로 부르기로 합니다. 그리고 이러한 만남의 기회를 통해 삶의 진솔한 이야기로 서로의 마음을 열고 소통하면서 치유를 경험하는 가운데 어른이 되어 가기 시작합니다. 권민지는 매우 아름다운 여성이 되었고, 장민지는 얼음공주에서 따뜻한 마음을 가진 리더가 되었으며, 표민지는 쌍꺼풀 수술을 하고 배우가 되는 인생의 걸음을 시작함으로 그들은 그들 안에 잠재된 가능성을 표현하기 시작합니다.

이 동화의 핵심 줄거리는, 우리의 성숙이 부끄러움을 넘어서려면 서로의 가능성을 신뢰해야 한다는 것입니다. 우리도 하나님이 주신 성장 가능성을 믿고 서로의 가능성 그리고 공동체의 가능성을 신뢰해야 할 것입니다.

예수님은 베드로를 만나자마자 그를 게바, 곧 반석(게바는 아람어, 베드로는 희랍어)이라고 부르셨습니다.

> "데리고 예수께로 오니 예수께서 보시고 이르시되 네가 요한의 아들 시몬이니 장차 게바라 하리라 하시니라(게바는 번역하면 베드로라)"(요 1:42).

베드로의 본명은 시몬입니다. 그는 모든 상황에서 자주 흔들리고 변하는 연약한 감성을 가진 사람이었습니다. 예수님이 제자들의 발을 씻기기 시작하자 베드로는 이렇게 말했습니다.

"그럴 수 없습니다. 주님이 저희 발을 씻기시다니요? 절대로 있을 수 없는 일입니다."

이때 주님의 반응을 기억할 것입니다.

"내가 너를 씻어 주지 아니하면 네가 나와 상관이 없느니라."

그러자 다시 보인 베드로의 반응은 무엇입니까?

"주여, 내 발뿐 아니라 손과 머리도 씻어 주옵소서."

그의 감정적 변화를 보십시오. 예수님이 마지막 고난 받는 현장을 예언하실 때 주님 대신 감옥도, 죽음의 자리도 가겠다고 호언하던 그가 한 여종 앞에서 예수님을 모른다고 부인하는 변화무쌍한 성향을 보십시오. 그런데 반석(육중한 바위)이라니요? 이것은 그의 현재가 아닌, 그가 주님과 함께하며 변화될 먼 미래의 가능성(potential)을 시사하신 것입니다. 주님만은 그의 가능성을 신뢰하셨습니다. 그리고 그는 마침내 초대 교회를 세우는 기초, 반석이 되었습니다. "너는 베드로라 내가 이 반석 위에 내 교회를 세우리니"(마 16:18)라고 하지 않으셨습니까?

가능성이 무엇입니까? 아직 될 수 있는데 되지 못하고, 할 수 있는데 하지 못한 것, 그것이 가능성 아닙니까? 본문에서 예수님은 당신의 제자들이 천국 백성으로서 이 세상 안에선 작은 겨자씨 한 알 같은 존재지만, 그 겨자씨가 나무로 성장하는 가능성을 보고 믿어야 한다고 말씀하고 계십니다. 우리 또한 자신에게서 그리고 우리가 섬기는 사람들에게서 이런 놀라운 성장의 가능성을 보며 피차에 섬기고 배우는 삶을 살아야 할 것입니다.

미래의 선한 영향력의 축복을 믿으라

"이는 모든 씨보다 작은 것이로되 자란 후에는 풀보다 커서 나무가 되매 공중의 새들이 와서 그 가지에 깃들이느니라"(마 13:32).

작은 겨자씨 한 알이 자라 나무가 되는 비전을 보았습니다. 우리는 이제 많은 새들이 날아와 안식과 평화를 누리며 노래 부르는 꿈을 볼 수 있어야 합니다. 하나님은 우리를 하나님 나라의 백성이 되게 하셨습니다. 이것은 누군가에게는 미미한 존재에 불과한 우리가 이제는 선한 영향력을 끼치고 축복을 나누는 존재가 되어야 한다는 말입니다. 나무가 없는 세상을 상상해 보십시오. 그 푸름, 그 생명, 그 아름다움, 그 안식, 그 열매…. 우리는 하나님의 천국 백성이 끼쳐야 할 이런 축복의 비전을 보고 믿어야 합니다. 우리는 구원만 받고 끝낼 인생이 아닙니다. 구원의 은혜를 나누어야 합니다. 그것이 천국 백성, 예수 제자들의 축복된 미래입니다.

서두에서 밥 딜런의 일생을 소개했습니다. 그가 1979년에 그리스도인이 되었다고 알려지자 반기독교적이던 그의 과거의 팬들은 그에게서 등을 돌렸습니다. 그의 가족적 배경이던 유대인 커뮤니티도 예수의 제자가 된 그에게서 등을 돌렸습니다. 그의 노래는 이제 아무도 좋아하지 않게 될 것이라는 소문이 돌았습니다. 그런데 그가 회심하고 만든 노래인 〈Slow Train Coming〉은 더 많은 사람들의 관심을 끌었습니다.

"얼마나 오래 위선자들의 거짓을 들어야 하는가? 얼마나 오래 이 광야의 두려움에 빠져 있어야 하는가? 너의 왕관을 내려놓아라. 너의 마스크를 벗어라.”

그의 진정성 있는 삶의 고백은 더 많은 사람들의 마음을 움직였고, 이 노래는 공전의 히트를 기록하게 됩니다. 그리고 이어서 발표한 원색적인 신앙 곡, 〈Gotta Serve Somebody〉는 사람들의 예상을 깨고 그래미상을 받게 됩니다.

“악마를 섬기든 주님을 섬기든, 당신은 누군가를 섬겨야 해.”

그 후 그는 자신의 공연에서 노골적으로 〈Rock of ages〉, 〈Hallelujah I'm ready〉, 〈Somebody touched me〉 같은 찬양을 포함시켜 복음을 전하기 시작하자 그리스도인이 아닌 사람들의 마음을 잃었다는 루머가 다시 돌았지만, 그는 2016년 놀랍게도 노벨문학상 수상자가 되어 세상을 놀라게 합니다. 그를 통해 위로받아야 할 사람들, 그를 통해 구원받아야 할 사람들, 그를 통해 마음의 쉼을 얻어야 할 사람들이 있었기 때문에 주님이 그를 사용하신 것이 아니겠습니까? 거목이 된 그의 둥지에 깃들어야 할 많은 새들이 있었기 때문입니다. 우리의 둥지에도 깃들어야 할 많은 새들이 있음을 믿고 우리도 다시 하나님 나라의 꿈을 잉태할 시간입니다. 이 꿈을 위해 우리는 십자가에서 죽고 다시 태어난 것입니다.

chapter 7

누룩의
비유

천국은 은밀하지만
역동적으로 임한다

누룩은 보이지 않게, 비가시적으로 발효되어 그 능력을 드러낸다. 여기 복음의 역동성이 있다. 천국 복음은 이런 역동성으로 교제의 공동체를 만들고, 위대한 사역의 다양성과 신비를 일상의 장에서 드러낼 수 있어야 한다.

| 마태복음 13:33 |

또 비유로 말씀하시되 천국은 마치 여자가 가루 서 말 속에 갖다 넣어 전부 부풀게 한 누룩과 같으니라

'누룩'이라고 하면 무엇이 연상됩니까? 술이나 막걸리가 먼저 생각나는 사람도 있을 것입니다. 옛날엔 집집마다 누룩을 띄워 술을 빚는 일이 일상이었기 때문입니다. 빵을 연상하는 사람도 있을 것입니다. 누룩은 일단 발효제입니다. 어릴 때 자연 시간에 곰팡이에 대해 공부했던 기억을 더듬어 보면, 곰팡이 중에 유일하게 마음 놓고 먹어도 되는 착한 곰팡이가 누룩곰팡이였습니다. 자연 속에서 자연스럽게 생긴 누룩곰팡이가 음식물과 함께 우리 몸속에 들어가면 몸에 면역력을 길러 주고 소화를 촉진시키기도 합니다. 우리가 잘 아는 메주도 이 누룩곰팡이 덩어리입니다. 여러모로 누룩은 우리에게 요긴한 것이었습니다. 그런데 성경을 읽다 보면, 특히 신약에서 예수님이 누룩에 대해 부정적으로 기술하신 대목들을 발견하게 됩니다. 누룩의 부풂이 잘못된 교훈의 전염성을 상징한다고 생각하셨기 때문입니다.

"예수께서 이르시되 삼가 바리새인과 사두개인들의 누룩을 주의하라 하시니 … 어찌 내 말한 것이 떡에 관함이 아닌 줄을 깨닫지 못하느냐 오직 바리새인과 사두개인들의 누룩을 주의하라 하시니 그제서야 제자들이 떡의 누룩이 아니요 바리새인과 사두개인들의 교훈을 삼가라고 말씀하신 줄을 깨달으니라"(마 16:6, 11-12).

예수님 당시 바리새인들의 율법적 보수주의는 복음을 받아들이는 일에 가장 큰 장애물이었습니다. 바리새인들은 율법의 자구의 노예가 되어 외식적이고 위선적인 삶의 태도로 복음을 거절하고 있었습니다. 반대로 사두개인들의 이성적 자유주의 역시 성경을 근거로 한 복음을 수용하는 데 큰 장애물이었습니다. 사두개인들은 부활을 비롯한 모든 초자연적 기적을 부인하고 있었습니다. 그래서 예수님은 이런 그릇된 교훈들의 누룩을 조심하라고 경계하신 것입니다. 하지만 본문에서는 천국 복음의 중요성을 가르치면서 이 누룩의 비유를 사용하십니다.

"또 비유로 말씀하시되 천국은 마치 여자가 가루 서 말 속에 갖다 넣어 전부 부풀게 한 누룩과 같으니라"(마 13:33).

여기서는 같은 누룩으로 천국 복음에 헌신한 종들의 사역을 긍정적으로 묘사하십니다. 본문에서 누룩으로 묘사된 천국 비유는 오늘의 우리에게 어떤 교훈을 전달하고 있는 것일까요?

천국 사역의 다양성을 인지하게 하다

사실 본문 이전에 주님이 말씀하신 겨자씨의 비유는 누룩의 비유와 매우 유사한 공통점을 갖습니다. 작은 것이 큰 결과를 가져온다는 점에서 유사합니다. 그래서 이 두 개의 비유를 쌍둥이 비유라고 하기도

합니다. 그러나 같은 교훈을 강조하기 위한 비슷한 다른 비유가 꼭 필요했을까요? 그보다는 겨자씨 비유만으로 다 전달하지 못한 어떤 것을 보완하시려는 의도가 있었다고 보는 것이 좋은 관찰이라고 생각합니다.

저는 이것을 천국 사역의 다양성이라는 관점에서 파악할 필요가 있다고 생각합니다. 우선 겨자씨 비유의 주인공은 남자입니다. 그러나 누룩의 비유에는 여자가 등장합니다. 하나님 나라 사역의 비유에 여자가 등장한다는 사실 자체가 가히 혁명적입니다. 하나님 나라에서는 여자도 남자와 동일하게 부름 받고 사용되고 있음을 증거하지 않습니까?

"너희는 유대인이나 헬라인이나 종이나 자유인이나 남자나 여자나 다 그리스도 예수 안에서 하나이니라"(갈 3:28).

이 말씀이 결정적으로 근대 여성 해방 운동의 사상적 기초가 되었습니다. 복음 사역에 관한 한 남자나 여자나 차별이 있을 수 없습니다.

겨자씨 비유에서 씨가 자라는 데 영향을 끼친 것은 밭이었습니다. 영어로는 Field, 곧 들이었습니다. 반면에 누룩은 집에서 발효되고 있습니다. 밭이 우리 사회를 상징한다면, 집은 우리의 가정입니다. 하나님 나라는 우리의 집에서 먼저 구현되어야 합니다. 그러나 하나님 나라는 우리 사회에서도 구현되어야 합니다. 복음의 영향력은 가정과 사회, 두 영역을 다 필요로 합니다.

두 번째로, 겨자씨는 우리 눈으로 볼 수 있도록 가시적으로 자라고 있었습니다. 그러나 누룩은 눈에 보이지 않게 비가시적으로 부풀려지고 있습니다. 하나님 나라는 외형적으로도 성장하지만, 많은 경우 눈에 보이지 않게 조용히 사람들의 내면으로 스며들어 자라고 있음을 보여 줍니다. 외형적 성장을 영어로 extensive growth라 한다면, 내면의 성장은 internal growth 혹은 internal transformation(내면적 변화)이라 할 수 있습니다. 저는 때로 우리가 스스로 담대하게, 공개적으로 복음의 케리그마(kerygma)를 우리 사회에 선포하는 노력도 필요하다고 믿습니다. 그러나 때로는 조용히, 보이지 않게, 오른손이 하는 것을 왼손이 알지 못하도록 복음의 영향을 끼칠 필요도 있다고 생각합니다.

전도나 선교가 외형적 복음의 선포라면, 사회 섬김의 노력은 인간의 내면을 감동시켜 변화시키는 복음의 역동이라고 생각합니다. 여기에 하나님 나라 사역의 다양성 혹은 다면적 차원이 존재한다는 사실입니다. 이것이 예수님이 겨자씨의 비유에 이어 누룩의 비유를 첨가해 말씀하신 이유라고 생각합니다.

천국 백성은 교제의 공동체임을 알리다

누룩의 비유에서 특기할 사실 중 하나는 여인이 누룩을 가루 서 말 속에 넣었다는 것입니다. 영어 성경인 NIV는 'a large amount of flour', 곧 많은 분량의 밀가루라고 번역하고 있지만, 희랍어 원문은 분명하게

'sata tria'(히브리어로 사타는 seahs[스아], 트리아는 three[셋])라고 기록하고 있습니다. 1세기 유대인 청중의 입장에서 밀가루 '세 스아'에 대한 이야기를 예수님에게서 들었을 때, 그들이 제일 먼저 떠올린 것은 창세기 18장이었을 것입니다.

> "여호와께서 마므레의 상수리나무들이 있는 곳에서 아브라함에게 나타나시니라 날이 뜨거울 때에 그가 장막 문에 앉아 있다가 눈을 들어 본즉 사람 셋이 맞은편에 서 있는지라 ⋯ 아브라함이 급히 장막으로 가서 사라에게 이르되 속히 고운 가루 세 스아를 가져다가 반죽하여 떡을 만들라 하고"(창 18:1-2, 6).

이 말씀은 날이 뜨거운 어느 날 아브라함이 장막 문에 앉았다가 맞은편에 범상치 않은 손님 셋이 등장하자 그들을 대접할 생각으로 부인 사라에게 부탁한 말입니다. 고대로부터 성경학자들은 이 세 손님의 정체에 대해 삼위일체 하나님의 현현 혹은 한 분이 여호와 하나님이라고 기록하고 있으므로 하나님과 두 천사의 방문이라고 말합니다(현대의 학자들은 이런 해석을 지나치게 알레고리컬하다고 반대하기도 하지만, 마태복음 13장의 비유들에 대한 예수님의 해석에서도 이런 풍유적 경향을 완전히 제거하기는 어렵다고 봅니다). 어떤 경우든 이 세 영적 존재와 아브라함 가족은 이제 식탁에 함께 앉아 떡을 떼게 됩니다. 이것은 분명 하나님과 하나님의 백성 사이에 이루어지는 거룩한 영적 교제를 상징하는 것입니다.

일찍부터 정교회에서는 아브라함과 사라를 찾아오신 삼위 하나님의 존재를 이콘(icon)으로 그려 묵상하게 했습니다. 14세기의 위대한 이콘 화가 안드레이 루블료프(Andrei Rublyov, 1360년 추정-1430년)의 작품 〈삼위일체〉(The Old Testment Trinity)는 바로 창세기 18장을 배경으로 한 아브라함과 사라의 집을 찾아오신 삼위 하나님의 그림(좌로부터 성부, 성자, 성령 순. 푸른 옷은 하늘에 속한 분, 지팡이는 왕이신 하나님, 식탁 위 잔은 거룩한 희생의 상징, 상수리나무는 후일의 십자가 상징)으로 알려져 있습니다. 이 작품에 아브라함과 사라의 모습이 그려지지 않은 것은 그들이 삼위 하나님을 바라보고 있기 때문입니다. 삼위 하나님을 바라보며 머물고 있는 시선 안에서 주의 백성이 삼위 하나님의 임재를 경험하며 하나님과 일치하고 있는 것을 나타냅니다.

초대 교회의 역사를 기록한 사도행전에서도 초기 기독교 공동체의 가장 상징적 모습은

안드레이 루블료프, 〈삼위일체〉(1410년경), 러시아 모스크바 트레티야코프 미술관 소장.

떡을 떼며 교제하는 것입니다. 이런 교제를 '코이노니아'(koinonia)라고 불렀습니다. 루블료프의 삼위 하나님 이콘은 삼위 하나님이 당신의 식탁 교제에 우리를 초대하고 계신 그림입니다.

> "볼지어다 내가 문밖에 서서 두드리노니 누구든지 내 음성을 듣고 문을 열면 내가 그에게로 들어가 그와 더불어 먹고 그는 나와 더불어 먹으리라"(계 3:20).

교회는 바로 이 천국 백성의 교제의 공동체입니다.

비록 성경에서 때로 누룩은 죄를 상징하는 요소로 등장하지만, 이런 누룩조차 하나님의 손에서 거룩하게 빚어져 이제는 서로를 거룩하게 하고 서로를 영적으로 배불리는 영적 지체들이 된 것입니다. 그렇습니다. 성찬이 십자가를 상징한다면, 십자가는 죄 사함 받은 사람들이 새롭게 태어나 부활의 생명을 나누는 삶의 자리가 된 것입니다. 이것이 주의 만찬으로, 우리가 주님의 희생의 몸을 기념하는 떡을 받고 주님의 보혈을 기념하는 잔을 나누고 일어나 찬양하는 이유가 아닙니까? 그 거룩한 성도의 공동체가 바로 교회요, 더 나아가 하나님 나라입니다.

섬김의 풍성한 결실을 기대할 수 있게 하다

누룩의 비유의 마지막 강조점이 있다면 그 발효적 특성입니다. '부풀게 함'의 사역입니다. 사실 본문의 가루 서 말이나 창세기 18장의 가루 세 스아는 손님 셋을 섬기기엔 너무나 많은 분량입니다. 많이 먹는 손님이라도 이 정도면 옛날 대가족 이상을 먹일 수 있고, 이웃들을 초대해서 최대 100명도 먹일 수 있는 분량입니다. 한 성경학자는 창세기에서 사라가 세 명의 손님을 위해 세 스아의 베이킹 프로젝트를 준비한 대목에서 고대 히브리 사람들은 어마어마한 양의 반죽이 부풀어 오르는 광경을 떠올리며 입가에 흐뭇한 미소를 지었을 것이라고 말합니다. 그것은 최소한의 예의를 지키기 위한 의무적 행위가 아닌 풍성한 섬김, 풍성한 사랑을 연상하게 했을 것입니다. 천국 백성의 섬김이 그와 같아야 한다는 가르침이 아니겠습니까?

예수님의 오병이어의 기적이 초래한 결과는 무엇이었습니까? 보리떡 다섯 개와 물고기 두 마리로 먹고 남은 조각이 열두 바구니에 차고 넘치지 않았습니까? 그것은 예수님 당신의 약속의 실현이 아니었을까요?

> "도둑이 오는 것은 도둑질하고 죽이고 멸망시키려는 것뿐이요 내가 온 것은 양으로 생명을 얻게 하고 더 풍성히 얻게 하려는 것이라"(요 10:10).

바울 사도도 빌립보서 4장에서 다음과 같이 약속합니다.

"나의 하나님이 그리스도 예수 안에서 영광 가운데 그 풍성한 대로 너희 모든 쓸 것을 채우시리라"(빌 4:19).

이것은 초대 교회 성도들이 물질적으로 풍요한 삶을 살아서가 아니라, 그들에게 풍성한 사랑이 있었기 때문입니다. 기근 속에 고생하는 예루살렘 성도들을 위해 연보하던 모본과 그들이 붙잡았던 주의 말씀을 기억해 보십시오.

"환난의 많은 시련 가운데서 그들의 넘치는 기쁨과 극심한 가난이 그들의 풍성한 연보를 넘치도록 하게 하였느니라 … 오직 너희는 믿음과 말과 지식과 모든 간절함과 우리를 사랑하는 이 모든 일에 풍성한 것같이 이 은혜(나눔)에도 풍성하게 할지니라"(고후 8:2, 7).

왜, 무엇 때문이었습니까? 이어지는 말씀에서 대답합니다.

"내가 명령으로 하는 말이 아니요 오직 다른 이들의 간절함을 가지고 너희의 사랑의 진실함을 증명하고자 함이로라"(고후 8:8).

이런 초대 교회의 풍성한 사랑과 나눔의 기적은 마침내 당시의 세상 모든 영역에 깊은 영향력을 남기지 않을 수 없었습니다. 마치 가루 서 말 속에 갖다 넣어 전부 부풀게 한 누룩처럼 말입니다.

로버트 뱅크스(Robert J. Banks)가 쓴 《1세기 그리스도인의 하루 이야기》(IVP 역간)라는 책이 있습니다. 이야기는 로마의 대화재 사건이 일어난 후의 일상을 그립니다. 우선 해방된 노예들은 그리스도인 가정의 확대 가족이 되어 주인과 함께 식탁에서 식사를 합니다. 그리스도의 제자가 된 후 아이들의 복장에서 부적과 같은 장식은 제거되고 사치스러운 옷 대신에 검소한 옷을 입힙니다. 학교에선 성적보다 자신의 재능을 표현해서 어떻게 이웃을 섬길 것인가를 토론합니다. 화재로 삶의 터전을 잃은 가족들을 방문하고 그들에게 물질적 도움을 제공합니다. 저녁 시간은 가족들의 자유로운 대화가 꽃을 피웁니다. 부부 관계에도 남편의 요구에만 끌려다니던 아내가 자신의 성적 요구를 즐겁게 표현하는 변화가 생겨납니다. 복음이 가져온 일상의 누룩 같은 변화, 이것이 바로 변화된 하나님 나라에 속한 성도의 일상인 것입니다.

chapter 8

보화와 진주의
비유

무엇과도 바꿀 수 없는
천국을 소유하라

지금 이 시대는 가치관의 혼란으로 무엇이 보화이고 무엇이 쓰레기인지를 분별하기 어렵다. 보화는 영어로 treasure이고 쓰레기는 trash이다. 인터넷에는 보화와 쓰레기가 공존한다. 천국 제자의 일차적 소명은 무엇이 보화이며 무엇이 진주인가를 분별해 내는 일이다.

| 마태복음 13:44-46 |

천국은 마치 밭에 감추인 보화와 같으니 사람이 이를 발견한 후 숨겨 두고 기뻐하며 돌아가서 자기의 소유를 다 팔아 그 밭을 사느니라 또 천국은 마치 좋은 진주를 구하는 장사와 같으니 극히 값진 진주 하나를 발견하매 가서 자기의 소유를 다 팔아 그 진주를 사느니라

몇 해 전 인기리에 종영된 JTBC 드라마 〈SKY 캐슬〉은 이 시대를 살아가는 한국인들에게 '우리가 정말 무엇을 위해 살아야 하는가? 무엇이 가장 중요한 가치인가?' 등의 문제의식을 제공했습니다. 이 드라마의 OST인 〈We All Lie〉의 가사는 이런 문제의식을 잘 반영해 주고 있었습니다.

"We all lie"(우린 모두 거짓말쟁이).

드라마의 주인공들은 오직 그들의 자녀들이 S대 의대에 입학해서 부모들의 에고(ego)를 만족시키기 위한 한 가지 목적에 집중하고자 거짓의 가면을 쓰고 연기합니다. 수단과 방법을 가리지 않고 자녀들을 입시 준비 기계로 만드는 게임을 교육이라는 이름으로 포장하면서 말입니다. 정말 S대 입학이 우리 자녀들이 목숨을 걸 만한 가치의 대상일까요? 정말 우리 부모들이 자녀들에게 전수할 가치가 명문대생이 되는 것밖에는 없는 것일까요?

앞선 장에서도 여러 번 이야기했지만, 본문에서 반복되는 표현은 '천국은 마치'(the kingdom of heaven is like)입니다. 여기서 천국은 우리가 죽어서 가는 천국이 아닌, 지금 여기서부터 시작되는 '하나님 나라'(Kingdom of

God)를 뜻합니다. 그런데 유대 전통에서 하나님이란 이름은 너무 거룩한 것이어서 하나님 대신 하늘로 표기해 하늘나라(Kingdom of Heaven), 곧 천국이라고 한 것입니다. 우리가 예수를 믿는 순간 우리는 하나님이 다스리시는 나라에 속한 그분의 백성이 됩니다. 그들의 정체성, 그들을 통해 확장되는 그 나라의 영향력을 가르치는 것이 바로 마태복음 13장입니다.

일련의 비유 중 본문은 '보화와 진주의 비유'라고 부릅니다. 겨자씨와 누룩의 비유가 쌍둥이 비유인 것처럼, 이것 역시 쌍둥이 비유로 분류됩니다. 둘 사이에 분명한 유사성이 존재합니다. 그러나 꼭 같은 주제를 강조하고 반복하기 위해서만이 아니라, 차이점을 통해 주제를 보완하고 완성하는 의미도 존재합니다. 예컨대, 겨자씨와 누룩의 비유를 보면 작은 것이 큰 영향을 끼친다는 강조점은 동일하지만, 겨자씨가 가시적 성장이라면 누룩의 경우는 불가시적이라는 것, 겨자씨가 외적 성장을 강조한다면 누룩은 내면의 성장, 내면의 변화에 더 초점이 있다는 것을 보여 주고 있습니다. 결국 하나님 나라는 외적, 내적으로 작게 시작해서 큰 결과로 성장한다는 주제를 완성하고 있습니다. 그렇다면 보화와 진주의 비유가 오늘의 성도들에게 전달하고자 하는 가르침은 무엇일까요?

그 무엇과도 바꿀 수 없는 천국의 가치

우선 하나님이 우리를 위해 예비하신 천국은 마치 보화와 진주 같은 가치를 지니고 있다는 사실입니다. 그리고 두 비유는 동일하게 자기가 가진 모든 것을 팔아 소유할 만큼 가치를 지니고 있다는 사실을 말하고 있습니다. 오늘 우리가 소유한 것 중에 우리의 전 재산을 팔아 소유할 만한 가치를 지니는 것이 있을까요? 우리가 예수 믿고 마음에 하나님 나라를 품고 산다면 그 하나님 나라, 그 나라의 가치를 능가하는 것이 있을까요? 성경은 하나님 나라의 가치를 어떻게 가르치고 있습니까?

> "하나님의 나라는 먹는 것과 마시는 것이 아니요 오직 성령 안에 있는 의와 평강과 희락이라"(롬 14:17).

하나님 나라의 가치는 잘 먹고 잘 마시고 잘 사는 것에 있지 않고, 성령의 인도를 따라 의롭게, 평화롭게 그리고 기쁨으로 사는 것이라는 말씀입니다. 이 말씀을 적용해서 드라마 〈SKY 캐슬〉의 주인공 부모들이 하나님 나라의 가치를 따라 자녀를 양육한다면 어떻게 가르쳐야 할까요?

"아들아, 딸아, 무엇보다 중요한 것은 일등이나 좋은 대학에 가는 것이 아니라 바르게 사는 것이란다. 바른 마음, 바른 태도로 최선을 다하면 되는 거야. 그리고 친구들과 경쟁해서 이기는 것보다 더 중요한 것은, 친구들과 평화롭고 조화롭게 살면서 함께 공동체를 일구어 가는 거야. 그리고 무엇보다 중요한 것은, 네 자신이 기쁨을 누리고 스스로 안에서 행복을 찾는 거란다."

만일 이런 하나님 나라의 가치가 우리 교육에 반영되고 가르쳐진다면 우리 사회는 얼마나 달라질까요? 우리 가정은 또 얼마나 달라질까요? 캐나다 출신의 바리톤 가수가 미국에 진출해 NBC라디오 방송에서 큰 인기를 얻고 명성이 올라가자, 자신의 아들이 하나님 나라에 쓰임 받기보다 세속적 가치에 함몰될 것을 염려한 어머니가 아들이 즐겨 치는 피아노 건반 위에 기도하며 올려놓은 노랫말 가사는 그의 인생을 바꾸었습니다. 그는 이 가사를 읽고 또 읽다가 눈시울을 적시며 작곡을 시작합니다. 수많은 사람들의 인생의 가치를 바꾼 불멸의 복음성가 〈주 예수보다 더 귀한 것은 없네〉(새찬송가 94장)가 탄생하는 순간이었습니다.

주 예수보다 더 귀한 것은 없네 이 세상 부귀와 바꿀 수 없네
영 죽을 내 대신 돌아가신 그 놀라운 사랑 잊지 못해
세상 즐거움 다 버리고 세상 자랑 다 버렸네
주 예수보다 더 귀한 것은 없네 예수밖에는 없네

전도자 빌리 그레이엄(Billy Graham)과 전 세계 도시를 다니며 복음을 노래하다가 104세에 주의 부름을 받은 조지 베벌리 쉐아(George Beverly Shea)의 이야기입니다. 그날 그는 자신의 인기, 명성, 부귀보다 더 중

요한 예수님을 따르는 가치를 다시 확인한 것입니다. 그 무엇과도 바꿀 수 없는 보화요, 진주인 하나님 나라의 가치를 다시 확인하는 순간이었습니다.

가치 구현을 위한 결단의 중요성

"천국은 마치 밭에 감추인 보화와 같으니 사람이 이를 발견한 후 숨겨 두고 기뻐하며 돌아가서 자기의 소유를 다 팔아 그 밭을 사느니라"(마 13:44).

보화 같은 천국의 가치 때문에 자기의 소유를 다 팔아 밭을 사기로 결단했다는 것입니다.

"또 천국은 마치 좋은 진주를 구하는 장사와 같으니 극히 값진 진주 하나를 발견하매 가서 자기의 소유를 다 팔아 그 진주를 사느니라"(마 13:45-46).

또 자신의 모든 소유를 팔아 진주를 사는 결단을 감행했다는 것입니다. 이처럼 두 가지 비유의 공통점은 참되고 가치 있는 소유를 위한 결단입니다. 더 값진 것을 사기 위해 가진 것을 모두 파는 결단을 내린 것입니다. 더 중요한 가치 구현을 위한 결단이었습니다. 그리고 그것은 희생적 결단이었습니다.

영국 선교의 거인 C. T. 스터드(Studd)는 케임브리지 7인 중 한 명으로 일컬어지는 전설적인 선교사입니다. 그는 영국에서 전도자 D. L. 무디(Moody)의 집회에서 회심한 부자 아버지의 아들로 태어나 영국의 명문 고등학교인 이튼 스쿨을 나와 케임브리지대학에 입학해 당시 영국 최고의 인기 스포츠인 크리켓으로 영국 최고의 선수가 되었습니다. 그에게는 인기와 재물, 명예가 기다리고 있었습니다.

그러던 어느 날, 그는 자신의 집에 초청된 한 전도자로부터 "당신은 진정한 그리스도인입니까?"라는 질문을 받습니다. 물론 "네"라고 대답했지만, 전도자는 다시 "당신은 요한복음 3장 16절 말씀대로 독생자 예수가 당신을 위해 죽으신 것을 믿습니까?"라고 묻습니다. 물론 그렇다고 하자 그는 "그러면 당신은 영생을 얻었습니까?"라고 묻습니다. 그것은 잘 모르겠다고 하자 전도자는 "당신은 하나님의 약속을 믿습니까?"라고 묻습니다. 그렇다고 하자 그는 "하나님이 당신을 사랑하사 독생자를 보내셨다면 그를 믿는 자가 또한 영생을 얻으리라는 약속도 믿어야 하지 않겠습니까?"라고 묻습니다. 그러면서 이제라도 영생의 선물을 감사함으로 받지 않겠느냐고 도전합니다. 그 순간 비로소 그의 영혼에 기쁨과 평화가 임했고, 그때부터 그는 자신의 인생을 어떻게 주님께 드릴 것인가를 기도하기 시작합니다. 그리고 얼마 후 자신의 형제 조지(George)가 중병에 걸려 생사의 기로에 선 것을 지켜보며 그는 인생의 모든 것이 헛됨을 깨닫습니다. 크리켓 게임도, 명예와 부귀도 영원하지 않고, 오직 영혼을 구원하는 것보다 더 소중한 일은 없음을 깨닫게 됩니다.

그는 25세가 되던 해에 케임브리지 출신의 다른 여섯 동료와 함께 중국 선교에 헌신합니다. 영국에선 25세가 되면 유산을 상속할 수 있는데, 그에게 상속된 유산을 오늘날 시세로 환산하면 약 2,500만 달러에 이르는 것이었습니다. 중국으로 떠나기에 앞서 "이 모든 것을 버리고 나를 따르라"라는 주의 음성을 들은 그는 상속된 것 중의 일부를 무디 성경학교와 조지 뮬러(George Müller)의 고아 및 빈민 사역인 White Chapel에 드리고 약 5천 파운드만 자신의 결혼을 위해 남겨 두었습니다. 그런데 그의 신부가 '성경에서 예수님은 부자 관원에게 모든 재산을 팔고 나를 따르라고 하지 않았느냐'고 묻습니다. 그래서 그들은 남은 모든 것을 구세군 사역에 드리게 됩니다. 이렇게까지 할 필요가 있느냐는 주변 사람들에게 그가 남긴 명언이 이것입니다.

"만일 예수 그리스도가 하나님이고 그가 나를 위해 죽으신 것이 사실이라면, 그분을 위한 어떤 희생도 지나친 것일 수 없습니다"(If Jesus Christ be God and died for me, then no sacrifice can be too great for me to make for him).

천국 발견의 피동성과 능동성

본문의 쌍둥이 비유는 천국이라는 보화가 어느 날 우리 앞에 뜻하지 않게 등장할 수도 있지만(피동성, 수동성), 또한 우리의 믿고 찾는 노력으로 주어질 수도 있음(능동성)을 가르칩니다. '밭에 감추인 보화의 비유'에서는 밭에서 일하던 농부가 우연히 기대하지 않은 상태에서 보화를 발견합니다. 그는 이 보화의 가치를 인지하고 밭에 숨겨 두었다가 자기의 소유를 팔아 밭을 사고 보화를 소유하게 된 것입니다(천국 보화의 수동적 발견). 그러나 반대로 '진주의 비유'에서는 주인공 상인이 진주를 구하고 찾다가 마침내 그 값진 진주를 발견하자 자기의 소유를 다 팔아 그 진주를 사게 되었습니다(천국 보화의 능동적 발견).

요한복음 4장의 사마리아 여인이 우물가에 물 길러 왔다가 메시아를 만난 것은 수동적이지만, 요한복음 3장의 니고데모가 밤중에 예수님을 찾아와 질문을 던지면서 그분이 메시아임을 발견한 것은 능동적이라 할 만합니다. 우리는 예수님이 천국을 갖고 우리를 찾아오시기를 기다릴 수도 있어야 하지만, 우리 스스로 구하고 찾고, 그분을 통해 천국의 문을 두드릴 줄도 알아야 합니다. 그렇다면 오늘 우리에게는 천국의 가치를 스스로 깨닫고 찾아 가는 진주 상인의 노력이 있습니까?

저는 이 장을 드라마 〈SKY 캐슬〉의 이야기로 시작했습니다. 이 드라마가 국민 드라마로 부각되면서 저는 사실 마지막 몇 회만을 보게 되었습니다. 그런데 19회까지 보고 마지막 회를 앞둔 설 명절 직전, 저는 안타깝게도 인도네시아 선교 집회를 떠나게 되었습니다.

선교사님과 현지 목회자들을 위한 설교 세미나를 인도하고, 또 연합 집회에 설 명절임에도 불구하고 살라디카 최대 교회를 가득 채운 이들에게 말씀을 전하면서 이슬람권에서 전도자로 살 것을 도전했을 때 수많은 일꾼들이 눈물로 헌신하는 모습을 목격했습니다. 그러나 개인적으로 더 큰 감동의 시간은 살라디카 지역 한인 선교사님 가족들이 함께하는 설 명절 축하의 시간이었습니다. 그들의 자녀들 그리고 그들이 키운 현지인 자녀들의 세배를 받으면서 이 아이들이 세상의 SKY대학에 진학할 보장은 없지만, SKY(하늘) 킹덤에 드리는 헌신을 기뻐하실 주님의 미소가 떠올라 그저 감사하기만 했습니다. 그날 밤 저는 〈SKY 캐슬과 SKY 킹덤〉이라는 시를 지어 주님에게 드렸습니다.

SKY 캐슬은 자녀들을 S대 K대 Y대 보내려는 이들의 성
캐슬에 사는 이들의 가치는 성공과 권력과 돈
이런 가치를 위해 수단과 방법을 가리지 않는 이들
이들의 영혼에는 쉼도 평화도 미소도 없다

SKY 킹덤은 주의 나라 복음을 위해 사는 이들의 공동체
복음의 가치를 위해 자녀들과 함께 어울려 사는 마을
그 나라 그 땅에 임하도록 희생을 마지않는 이들

그런데 희생하며 사는 이들에게 참 평화의 미소를 본다

오늘 우린 캐슬에 살고 있을까, 킹덤에 살고 있을까?
소위 교인들 중에도 캐슬을 벗어나지 못하는 슬픈 이들
주여 우리를 불쌍히 여기사 킹덤의 영광을 알게 하시고
그 나라와 그의 복음을 위해 살아가게 하소서

밭에 감추인 보화를 속히 발견하게 하소서
이제 우리 지극히 값진 천국 진주를 위해 항해를 떠나게 하소서

chapter 9

그물의
비유

시대를 향해
구원의 그물을 던져라

과거 우리에게는 낚싯대 하나로 고기를 잡던 낭만적인 때가
있었다. 그러나 지금은 큰 그물로 다량의 물고기를 포획해야
할 역사적 사명 앞에 서 있다. 이것을 우리의 왕은 추수 때라
고 하신다. 우리는 이 시대를 구원할 그물을 준비하고 있는가?

| 마태복음 13:47-50 |

또 천국은 마치 바다에 치고 각종 물고기를 모는 그물과 같으니 그
물에 가득하매 물가로 끌어내고 앉아서 좋은 것은 그릇에 담고 못
된 것은 내버리느니라 세상 끝에도 이러하리라 천사들이 와서 의인
중에서 악인을 갈라내어 풀무 불에 던져 넣으리니 거기서 울며 이
를 갈리라

마태복음 13장에는 일곱 개의 천국 비유가 등장합니다. 먼저는 길이가 긴 두 개의 비유가 있습니다. '씨 뿌리는 자의 비유'와 '곡식과 가라지의 비유'입니다. 다음에는 비교적 짧은 네 개의 비유가 등장합니다. '겨자씨의 비유', '누룩의 비유', '숨겨진 보화의 비유'와 '진주의 비유'가 그것입니다. 이제 마지막 중간 길이를 지닌 일곱 번째 비유가 기록됩니다. 이는 흔히 '그물의 비유'로 일컬어집니다.

이런 비유들은 피상적으로 읽어 보면 유사한 내용들을 담고 있는 것으로 보이지만, 좀 더 엄밀하게 분석하고 검토해 보면 통일된 하나님 나라 주제를 강조하면서 상승적으로 발전시키다가 마침내 하나님 나라가 어떻게 완성되는가를 보여 주고자 합니다. 네 가지 밭의 비유를 통해 복음의 씨가 다양한 마음 밭에 뿌려짐을 강조하고, 이어서 알곡과 가라지의 비유를 통해 이 세상에 임한 하나님 나라 안에 혼재하는 알곡과 가라지의 존재를 경고합니다. 이어서 겨자씨와 누룩의 비유를 통해 하나님 나라의 확장성을 가르치고, 더 나아가 보화와 진주의 비유를 통해 하나님 나라가 어떻게 수동적으로 그리고 능동적으로 사람들에게 다가오는지를 보여 줍니다.

이제 마지막으로 그물의 비유입니다. 아마 예수님의 제자들은 이 비유를 가장 실감 있게 듣지 않았을까 생각합니다. 왜냐하면 그들 대부분이 어부 출신이었기 때문입니다. 그런데 이 그물의 비유도 피상적으로 살피면 알곡과 가라지의 비유와 유사성을 갖습니다. 한 밭에 알곡과 가라지가 존재한 것처럼 한 그물 안에 좋은 물고기와 못된 물고기가 존재하니 말입니다. 그러나 결정적 차이가 있습니다. 알곡과 가라지의 비유에선 추수 때까지 분별하지 말고 그대로 두라고 하셨지만, 그물의 비유에선 이제 세상 끝의 시간이 도래하므로 좋은 물고기만 그릇에 담고 못된 물고기는 내버리라고 하셨다는 점입니다.

마태는 이 마지막 비유를 통해 우리가 처한 시대적 정황을 잘 보여 주고 있습니다. 이런 정황에서의 교회의 역할과 제자의 사명을 보여 주면서 하나님 나라의 완성을 가르치고 있는 것입니다. 그렇다면 이 그물의 비유가 오늘을 사는 그리스도인들에게 주는 가르침은 무엇입니까?

지금은 큰 그물로 물고기를 잡을 때다

"또 천국은 마치 바다에 치고 각종 물고기를 모으는 그물과 같으니"(마 13:47).

그물은 보편적으로 'net'로 번역되지만, 희랍어 원문의 'sagene'란 단어를 정확하게 옮기면 'a large dragnet'(당기는 큰 그물)이라고 할 수 있습니다. 그물 한 편은 바닷가 해변에 고정시키고 다른 편은 배에 맨 다음 배를 움직여 반원형을 그리면서 끌어당겨 물고기를 몰이하는 형태의 고기잡이를 연상하면 됩니다. 때로는 두 고깃배 사이에 끌려가는 저인망을 상상해도 좋을 것입니다. 이것은 작은 그물 하나를 내려 몇 마리의 물고기를 잡는 방법이 아니라, 처음부터 의도적으로 다량의 물고기를 어획하는 방식입니다. 이것은 정녕 종말론적 복음의 추수 시대를 상징하는 것입니다. 예수님이 이 땅에 오셨을 때 이미 그런 추수의 시대가 도래한 것입니다.

> "너희는 넉 달이 지나야 추수할 때가 이르겠다 하지 아니하느냐 그러나 나는 너희에게 이르노니 너희 눈을 들어 밭을 보라 희어져 추수하게 되었도다"(요 4:35).

> "이에 제자들에게 이르시되 추수할 것은 많되 일꾼이 적으니 그러므로 추수하는 주인에게 청하여 추수할 일꾼들을 보내 주소서 하시니라"(마 9:37-38).

이런 영적 추수가 일어나는 현상을 교회사가들은 '영적 각성'(Spiritual awakening) 혹은 '부흥'(revival)이라고 불러 왔습니다. 예수님이 이 땅에 오신 후 이런 추수의 마당은 장소를 옮겨 가며 지속되었습니다. 예루살렘에서의 오순절 성령 강림 이후 복음은 예루살렘에서 안디옥을 거쳐 소아시아와 유럽으로 전파되었고, 콘스탄티노플과 로마는 새로운 복음 운동의 중심지가 되었습니다.

중세에 일시적으로 영적 암흑기가 찾아왔으나, 수도원 운동을 통해 영적 지도자들은 영적 각성을 경험합니다. 그리고 이어서 일어난 종교 개혁 운동은 유럽 대륙을 흔들어 깨웠고, 독일, 프랑스, 영국을 복음화하기에 이르렀습니다. 이어진 독일의 경건주의 운동은 경건을 사모하는 심령들을 흔들어 깨웠고, 할레대학을 중심으로 세계 선교의 횃불을 들게 했습니다. 또한 영국과 미국을 중심으로 한 청교도 운동, 제1차, 제2차 영적 대각성 운동 그리고 1900년대 초의 영국 웨일스 부흥 운동 그리고 그 영향으로 일어난 한국의 평양 대부흥 운동은 전 세계적 선교 운동과 세계적 영적 추수의 현장을 경험하게 했습니다. 이렇게 이어진 전 세계적인 성령 운동의 물결과 함께 우리는 이제 복음 운동의 추수 마당이 더 이상 서구권이 아닌 아시아, 남미 그리고 아프리카로 옮겨진 채로 21세기 복음의 마지막 부흥기를 맞이하고 있습니다. 지금이야말로 우리는 큰 그물을 펼쳐 오대양 육대주에서 하나님의 물고기를 모아야 할 때입니다.

지금은 영적 추수의 때입니다. 한국 교회 초기만 해도 우리 한국인들이 미국 다음으로 많은 선교사를 전 세계에 파송하게 될 거라는 것을 상상이나 할 수 있었습니까? 여름이면 오대양 육대주에 우리 교인들이 자녀들과 흩어져 복음의 씨를 뿌리게 될 거라는 것을 상상이나 할 수 있었습니까? 지금 우리는 마지막 역사의 추수 마당의 일꾼으로 소명된 것입니다.

그물로 차별 없이 각종 물고기를 모으라

본문 47절을 다시 읽어 보면, 천국은 각종 물고기를 모으는 그물이라고 했습니다. 여기 '각종 물고기'라는 표현을 주목해 보십시오. 차별이 없습니다. 이 천국의 그물은 모든 물고기를 환영해야 합니다. 이것은 복음을 전하는 지상 교회의 그물을 의미합니다. 차별 없이 모든 사람에게 복음을 전해야 한다는 것입니다.

> "하나님은 모든 사람이 구원을 받으며 진리를 아는 데에 이르기를 원하시느니라"(딤전 2:4).

여기 '모든 사람'이란 강조점을 기억하십시오.

> "주의 약속은 어떤 이들이 더디다고 생각하는 것같이 더딘 것이 아니라 오직 주께서는 너희를 대하여 오래 참으사 아무도 멸망하지 아니하고 다 회개하기에 이르기를 원하시느니라"(벧후 3:9).

'아무도 멸망하길 원하지 않는다'고 하십니다. 그리고 모두 '다' 회개하기를 원한다고 말씀하십니다. 따라서 우리가 던지는 그물은 차별 없이 모든 사람을 위한 구원의 그물이어야 합니다.

그러나 이런 하나님의 소원이 자동적으로 사람들의 구원을 보증하지는 않습니다. 모든 사람의 구원을 소원하는 하나님의 원하심에도 불구하고 이 구원의 선물을 거절하는 자, 이 복음 받아들이기를 거부하는 자는 멸망을 피할 수 없습니다. 성경은 결코 만인구원론이나 보편구원론, 결국 모든 인류는 구원을 받는다는 소위 '보편주의'(universalism)를 지지하거나 가르치지 않습니다. 우리가 잘 아는 말씀을 다시 묵상해 보십시오.

> "하나님이 세상을 이처럼 사랑하사 독생자를 주셨으니 이는 그를 믿는 자마다 멸망하지 않고 영생을 얻게 하려 하심이라"(요 3:16).

누가 영생을 얻습니까? '믿는 자마다'입니다. 모든 사람이 아니라, 믿는 자가 영생을 얻는 것입니다. 요한복음은 이 사실을 더 명확하게 선포합니다.

> "아들을 믿는 자에게는 영생이 있고 아들에게 순종하지 아니하는 자는 영생을 보지 못하고 도리어 하나님의 진노가 그 위에 머물러 있느니라"(요 3:36).

그래서 드디어 이 그물의 비유가 가르치는 마지막 과정에 도달하게 됩니다.

그물에서 좋은 것과 못된 것을 분별할 때가 다가온다

"그물에 가득하매 물가로 끌어내고 앉아서 좋은 것은 그릇에 담고 못된 것은 내버리느니라 세상 끝에도 이러하리라 천사들이 와서 의인 중에서 악인을 갈라내어"(마 13:48-49).

이 세상의 마지막 날, 하나님의 천사들이 의인과 악인을 구별하는 이 심판의 사역을 행한다는 것입니다. 그리고 이 심판의 결과로 악인들은 어떻게 된다고 말씀하십니까?

"풀무 불에 던져 넣으리니 거기서 울며 이를 갈리라"(마 13:50).

지옥을 의미하는 가장 직설적인 성경의 표현입니다. 좋은 물고기(의인)는 천국으로, 나쁜 물고기(악인들)는 영원히 꺼지지 않는 지옥 불로 던져진다는 것입니다.

좋은 물고기는 영원한 천국에 거한다는 말씀이 어디에 있습니까? 이 그물의 비유와 가장 유사한 비유가 알곡과 가라지의 비유인데, 알곡의 마지막 운명이 어떻게 묘사되고 있습니까?

"그때에 의인들은 자기 아버지 나라에서 해와 같이 빛나리라 귀 있는 자는 들으라"(마 13:43).

이만하면 성경은 명확하게 천국과 지옥을 증언하지 않습니까?

제2차 세계대전의 막바지, 연합군의 프랑스 노르망디 상륙작전 직전에 일어난 실화입니다. 일단의 미국 병사(GIs)들이 군목을 찾아 기도를 부탁하며 다음과 같은 질문을 던졌습니다.

"당신은 지옥의 존재를 믿습니까?"

군목은 조금의 망설임도 없이 지옥을 믿지 않는다고 대답했습니다. 그러자 한 병사가 군목에게 이렇게 말했습니다.

"우리가 당신을 잘못 찾아왔군요. 내 생각에 당신은 군목 직을 사임하는 것이 옳은 것 같습니다."

"왜죠?"

"지옥이 없다면 당신 같은 군목의 존재는 필요 없을 것이고, 지옥이 있다면 지옥을 안 믿는 당신이 우리를 지옥에서 건져 내는 구원의 길을 알 리가 없을 것이라고 생각하기 때문입니다."

불행한 사실은 소위 오늘의 목사와 사제, 성직자와 신학자들 중에도 천국과 지옥을 믿지 않는 이들이 적지 않다는 사실입니다.

랜디 알콘(Randy Alcorn)이라는 우리 시대의 예언적 설교가가 쓴 《헤븐》(요단출판사 역간)이라는 책에 보면 이런 이야기가 기록되어 있습니다. 가수 루츠아나 메츠가(Ruthanna Metzgar)가 시애틀의 어느 부자 결혼식에 가수로 초대되어 축가를 한 다음 같은 빌딩 최고층(Top floor)에서 열리는 리셉션에 참여하고자 그녀의 남편과 함께 엘리베이터를 탔습니다. 엘리베이터에서 내리자마자 은은한 음악 소리와 향기로운 음식 냄새가 나면서 시애틀 시내 전경이 눈에 들어왔습니다. 유명 명사들의 얼굴도 눈에 띄었습니다. 입구에 들어서자마자 안내 데스크에서 그녀에게 이름을 물었습니다. 자신과 남편의 이름을 대자 안내 데스크에서는 이렇게 대답했습니다.

"죄송하지만 여기 리셉션 명단에 이름이 없네요."

"저는 결혼식에서 축가를 한 사람입니다."

"우리는 이 명단에 있는 분들만 입장시키라는 명을 받았습니다."

그제야 메츠가는 남편에게 말했습니다.

"여보, 제가 초대장을 받았을 때 바빠서 미처 파티 참석 통보장을 못 보냈네요."

안내자는 두 사람을 지하로 내려가는 직원 전용 엘리베이터로 안내했습니다. 순식간에 그들은 지하 쓰레기장 옆 주차장에 내렸습니다. 파티장에 들어가려던 그들은 입장권이 없었기 때문에 쓰레기장에 하차한 것입니다. 랜디 알콘은 이런 말을 합니다.

"수많은 사람들이 천국의 파티장에 초대되었지만 지옥의 쓰레기장에 하차할 인생들이 허다하다."

《천로역정》에 보면 '무지'라는 흥미로운 인물이 등장합니다. 그는 성도의 교제 중에 있기보다 혼자 있기를 좋아합니다. 그는 성경의 계시의 말씀을 따라 믿기보다 자기 마음의 선함을 따르기만 하면 된다고 믿는 사람입니다. 크리스천은 그에게 잠언 28장 26절 말씀을 들려줍니다.

"자기의 마음을 믿는 자는 미련한 자요 지혜롭게 행하는 자는 구원을 얻을 자니라."

예레미야 17장 9절 말씀은 특히 자기 마음을 신앙의 근거로 삼는 어리석음을 보여 줍니다.

"만물보다 거짓되고 심히 부패한 것은 마음이라 누가 능히 이를 알리요마는."

결국 그가 죽음의 강 건너편에 도착하기는 했지만 영원한 도성에 들어올 증명서(믿음)를 갖고 있느냐는 물음 앞에 아무런 대답을 못 하자, 왕은 그의 손발을 묶어 지옥에 던지라고 명합니다. 천국 입구에 지옥으로 가는 또 다른 길이 있었다고 존 번연은 증언합니다.

우리의 하나님 나라 여행의 마지막 종착역은 어디일까요? 천국일까요, 지옥일까요? 천국 여행은 이 땅에서 시작해 그 영원한 도성에서 완성되는 것입니다.

chapter 10

천국 서기관의
비유

천국 복음을 배우고 가르쳐
지키게 하라

성경에는 구약과 신약이 있다. 천국 서기관은 옛 언약은 물론 새 언약에도 정통해야 한다. 뿐만 아니라, 그는 두 개의 레시피로 한 시대를 요리해서 민족과 열방에게 구원의 희망을 제시해야 한다.

| 마태복음 13:51-52 |

이 모든 것을 깨달았느냐 하시니 대답하되 그러하오이다 예수께서
이르시되 그러므로 천국의 제자 된 서기관마다 마치 새것과 옛것을
그 곳간에서 내오는 집주인과 같으니라

몇 해 전부터 SBS 예능 프로그램인 〈백종원의 골목식당〉이 적지 않은 시청자들의 관심을 불러일으켰습니다. 최근 자영업 중 폐업 업종 1위가 요식업이라고 합니다. 하루 평균 3천여 명이 식당을 시작하지만, 또한 하루 평균 2천여 명이 식당을 폐업한다고 합니다. 그래서 그동안 〈백종원의 3대 천왕〉, 〈백종원의 푸드트럭〉으로 식문화의 활성화를 선도하고 새로운 창업 신드롬을 불러일으킨 장사의 달인 백종원과 그 사단이 죽어 가는 식당 살리기에 도전한 것입니다. 옛날부터 운영해 온 식당의 문제점을 청취한 다음 해결 방안을 제시하고, 이어서 신선한 레시피로 메뉴를 보완해 망해 가던 식당들의 심폐소생을 시도하는 작업입니다. 실패한 케이스도 적지 않게 보고되지만, 충고를 잘 따른 경우 기적 같은 성공을 거두기도 합니다. 그러나 이 모든 성공의 핵심은 기존 레시피와 새로운 레시피의 조화에 있는 것으로 판단되고 있습니다.

예수님은 하나님 나라의 진리를 일곱 개의 비유로 나누어 가르치신 다음, 이제 천국 제자가 된 제자들의 역할에 대해 이렇게 말씀하십니다.

"예수께서 이르시되 그러므로 천국의 제자 된 서기관마다 마치 새것과 옛것을 그 곳간에서 내오는 집주인과 같으니라"(마 13:52).

유진 피터슨은 이 대목을《메시지》성경에서 이렇게 번역하고 있습니다.

"예수께서 말씀하셨다. 너희가 보다시피 하나님 나라의 훈련을 잘 받은 학생은 마치 편의점 주인 같다. 무엇이든 필요한 것이면 신상품이든 재고든 꼭 필요한 때에 척척 찾아낸다."

만일 이 대목을 음식점 주인에게 적용한다면, '유능한 식당 주인은 옛 식재료와 새로운 재료를 잘 조화시키는'이라고 표현할 수도 있을 것입니다.

본문에 묘사된 서기관은 히브리어로는 '소페르'(sopher), 영어로는 '스크라이브'(scribe)라 하는데, 율법이나 그 밖에 여러 중요한 문서를 구술하고 필사하는 사람을 의미했습니다. 후대에 이르러서는 율법을 보존하고 필사하고 해석하고 가르치는 사람을 뜻하게 되었습니다. 학사 에스라가 그런 사람이었습니다.

"에스라가 여호와의 율법을 연구하여 준행하며 율례와 규례를 이스라엘에게 가르치기로 결심하였었더라"(스 7:10).

그런데 본문에서 예수님은 당신의 제자들이 천국의 제자 된 서기관이 되어야 한다고 말씀하십니다. 그렇다면 과연 예수님은 당신의 제자들이 구약의 서기관들과 어떤 의미에서 다른 제자가 되기를 기대하신 걸까요? 그분은 여기에서 천국의 제자라는 개념을 사용하십니다. 그렇다면 천국의 제자는 과연 누구입니까?

천국 복음을 깨달은 사람

"이 모든 것을 깨달았느냐 하시니 대답하되 그러하오이다"(마 13:51).

여기 '이 모든 것'은 무엇을 의미합니까? 그것은 마태복음 13장 전체를 통해 예수님이 여러 비유로 가르치신 하나님 나라의 진리 혹은 하나님 나라의 복음이 아니겠습니까? 그것을 분명하게 깨달은 사람, 이해한 사람이 바로 천국의 제자, 하나님 나라의 제자라는 것입니다. 여기 사용된 '깨닫다'라는 단어는 희랍어로 '수니에미'(suniemi[sun+iemi, 함께+모으다])라 하는데, 이는 마치 퍼즐 조각을 모아 전체의 그림을 파악한다는 의미입니다. 예수님이 마태복음 13장에서 일곱 개의 비유로 가르치신 이야기를 통해 하나님 나라의 비밀, 그 복음의 비밀을 온전하게 이해했는가를 물으신 것입니다. 구약의 하나님의 교사들인 서기관들은 모세의 율법을 필사하고 읽고 이해하는 것으로 족했습니다. 그러나 이제는 하나님 나라의 비밀을 가지고 이 땅에 오신 예수님을 통해 복음이 온 세상에 전파되고 수많은 사람들이 하나님 나라의 구원받은 백성이 되는 이 비밀을 깨달은 자라야 진정한 천국의 제자가 된다는 것입니다.

구약의 율법만으로도 성경은 충분히 하나님 말씀의 영광을 드러낼 수 있었고, 그것만으로도 정금보다 더 사모할 만한 진리의 순결성을 지니고 있었습니다. 시편 19편의 여호와의 율법의 예찬을 떠올려 보십시오.

"여호와의 율법은 완전하여 영혼을 소성시키며 여호와의 증거는 확실하여 우둔한 자를 지혜롭게 하며 여호와의 교훈은 정직하여 마음을 기쁘게 하고 여호와의 계명은 순결하여 눈을 밝게 하시도다 여호와를 경외하는 도는 정결하여 영원까지 이르고 여호와의 법도 진실하여 다 의로우니 금 곧 많은 순금보다 더 사모할 것이며 꿀과 송이꿀보다 더 달도다"(시 19:7-10).

그럼에도 불구하고 이 옛 진리가 지닌 한계가 있었습니다. 이제 새 언약의 책인 신약의 로마서 3장에 기록된 말씀을 보십시오.

"그러므로 율법의 행위로 그의 앞에 의롭다 하심을 얻을 육체가 없나니 율법으로는 죄를 깨달음이니라 이제는 율법 외에 하나님의 한 의가 나타났으니 율법과 선지자들에게 증거를 받은 것이라 곧 예수 그리스도를 믿음으로 말미암아 모든 믿는 자에게 미치는 하나님의 의니 차별이 없느니라"(롬 3:20-22).

그래서 바울은 갈라디아서 3장과 골로새서 2장 그리고 고린도전서 1장에서 이렇게 말했습니다.

"이같이 율법이 우리를 그리스도께로 인도하는 초등교사가 되어 우리로 하여금 믿음으로 말미암아 의롭다 함을 얻게 하려 함이라"(갈 3:24).

"이는 그들로 마음에 위안을 받고 사랑 안에서 연합하여 확실한 이해의 모든 풍성함과 하나님의 비밀인 그리스도를 깨닫게 하려 함이니"(골 2:2).

"너희는 하나님으로부터 나서 그리스도 예수 안에 있고 예수는 하나님으로부터 나와서 우리에게 지혜와 의로움과 거룩함과 구원함이 되셨으니"(고전 1:30).

이 비밀을 깨달아 안 자가 바로 천국의 제자인 것입니다. 일찍이 예수님의 제자 요한은 이 옛 언약의 말씀인 구약의 율법과 새로운 언약의 말씀인 신약 복음의 상관성을 이렇게 선포했습니다.

"율법은 모세로 말미암아 주어진 것이요 은혜와 진리는 예수 그리스도로 말미암아 온 것이라"(요 1:17).

이 상관성을 깨달아 안 자가 바로 예수의 제자요, 예수가 선포한 하나님 나라의 제자인 것입니다. 그렇다면 우리는 정말 그 나라의 제자가 되었습니까?

천국 복음을 배우고 가르치는 사람

천국 제자는 단순히 복음을 지적으로 이해했다고 해서 될 수 있는 것이 아닙니다. 그보다 더 나아가 천국 복음을 배우고 가르치는 사람이어야 합니다. 흥미로운 사실은, '배우다'라는 말과 '가르치다'라는 말이 모두 히브리어로 '라마드'(lamad)라는 사실입니다. 배우는 사람만이 가르칠 수 있습니다.

본문에 천국의 '제자'라는 말이 나옵니다. 제자는 옛날 서기관처럼 잘 배우고 잘 가르쳐야 합니다. 그러나 그는 이제 옛 보물뿐 아니라 새 보물 또한 활용할 줄 알아야 합니다. 주님은 당신의 제자들에게 옛 보물인 율법뿐 아니라 새로운 보물인 천국 복음을 맡기신 것입니다. 그 옛 보물과 새 보물의 결정적인 차이가 무엇일까요? 예수 그리스도가 구원이요, 보물이라는 사실입니다. 그리고 이 예수 그리스도를 통한 용서와 구원의 복음은 유대인만이 아닌 모든 이방 민족에게도 증거되어야 한다는 사실입니다. 바울 사도는 에베소서 3장에서 이방인의 구원을 하나님의 비밀이라고 말합니다.

"그것을 읽으면 내가 그리스도의 비밀을 깨달은 것을 너희가 알 수 있으리라 … 이는 이방인들이 복음으로 말미암아 그리스도 예수 안에서 함께 상속자가 되고 함께 지체가 되고 함께 약속에 참여하는 자가 됨이라"(엡 3:4, 6).

구약 계시의 시대에 하나님이 쓰신 서기관들이 율법을 배우고 가르칠 때도 그 가르침은 단순한 지식의 전달이 아니었습니다. 에스라도 '율법을 연구하여 준행하며 가르치기로 결심'했습니다(스 7:10). 율법을 배우고 가르치는 목적은 준행함에 있다는 것입니다. 이것은 신약 계시의 시대에도 변함이 없었습니다. 소위 지상 명령을 우리에게 위임해 주신 말씀, 마태복음 28장 19-20절을 상기해 보십시오.

> "그러므로 너희는 가서 모든 민족을 제자로 삼아 아버지와 아들과 성령의 이름으로 세례(침례)를 베풀고 내가 너희에게 분부한 모든 것을 가르쳐 지키게 하라 볼지어다 내가 세상 끝 날까지 너희와 항상 함께 있으리라 하시니라."

20절의 '가르쳐 지키게 하라'는 말씀을 주목하십시오. 단순히 가르침이 목적이 아니라, 가르쳐 지키게 함이 목적인 것입니다. 그리고 가르쳐 지키게 하는 교훈의 핵심은 바로 마태복음 13장에서 가르쳐진 하나님 나라의 가치들입니다. 예컨대, "하나님의 나라는 먹는 것과 마시는 것이 아니요 오직 성령 안에 있는 의와 평강과 희락이라"(롬 14:17)라고 가르쳤다면, 이제 복음을 받아들인 사람들에게 그들이 그 나라의 의와 평강과 기쁨을 따라 살도록 인도하고 있느냐는 것입니다. 그렇게 사는 사람들이 바로 천국의 제자이고 예수님의 제자입니다.

지난 2019년은 3.1 독립운동 100주년을 기념하는 해였습니다. 이 땅에 천국 복음이 전파된 후 그리스도인들이 천국 제자로서 구체적으로 우리 사회에 빛과 소금의 역할을 드러낸 역사적 사건이 바로 3.1운동이었다고 생각합니다. 당시 우리나라의 전체 인구는 1,600만 명으로, 이 중 그리스도인은 1.5퍼센트에 해당하는 24만 명에 불과했지만, 3.1운동의 주도 세력은 30퍼센트에 달한 것으로 보고됩니다. 민족 대표 33인 중 그리스도인은 과반수에 달하는 16인이었습니다.

그런데 간혹, 민족 대표 34인이라는 말을 듣게 되는 경우가 있습니다. 1916년에 캐나다에서 선교를 위해 이 땅에 들어온 프랭크 스코필드(Frank William Schofield, 석호필) 박사를 이르는 말입니다. 3.1운동 당시 만세의 외침과 함께 독립을 절규하며 고난 받던 이 땅의 민초들의 모습을 사진으로 촬영해서 국제 사회에 알리신 분입니다. 3월 1일 파고다 공원에서 독립 만세를 외치던 민중들의 모습, 이들 시위자들에 대한 일제의 탄압과 만행을 알렸고, 같은 해 4월 제암리 일대의 만세 사건 당시 제암리교회와 마을 민가들이 일제에 의해 불타던 모습 및 일제의 잔악 행위를 위험을 무릅쓰고 사진으로 찍어 역사적 보고서로 남겼습니다. 그 후 그는 다시 서대문 형무소를 방문해 만세 사건으로 투옥된 유관순 열사 등을 위로하며 격려했고, 이어 대구 형무소를 방문해 당시 독립운동으로 수감되어 고문당하던 한국 여인들에 대한 고문 행위를 당장 중단하라고 요구하기도 했습니다. 결국 그는 1920년에 이 땅에서 추방되었지만, 캐나다에서 지속적으로 한국을 돕는 활동을 이어 가다가 6.25전쟁 이후 1958년에 다시 돌아와 서울대학교 수의학과 외래교수로 이 민족을 섬겼습니다.

그런데 제가 이분에 대해 주목하는 것은, 단순하게 이분이 이 민족을 돕기 위한 정치·사회적 노력만 한 것이 아니라, 대학의 실력 있는 교수로 이 땅 지성의 학문적 발전에 기여했으며, 바쁜 중에도 지속적으로 금, 토, 주일 저녁에 여러 곳에서 영어 성경 공부 반을 운영하며 말씀으로 젊은이들의 의식을 깨우쳐 미래의 리더십을 키웠다는 사실입니다. 그는 젊은이들에게 성경 말씀을 가르치는 동시에 경제적으로 어려운 학생들의 등록금, 생활비를 지원했고(50여 명의 학생들에게 장학금을 지급), 무엇보다 이 젊은이들이 하나님 나라의 가치관을 따라 살도록 가르쳤습니다. 특히 그는 하나님 나라의 의를 따라 정의롭고 정직하게 살 것 그리고 예수님의 사랑을 따라 사회적 약자들에 대한 긍휼과 애정을 실천할 것을 강조하며 가르쳤다고 합니다.

이런 영향을 받고 자란 그의 성경 공부 반 출신 중에는 고(故) 김근태 의원(전 복지부 장관), 이준구 서울대 사회대 교수, 김희준 서울대 자연대 교수, 이삼열 전 유네스코 사무총장 그리고 서울대 총장과 국무총리를 지낸 정운찬 전 총리 등 수많은 하나님 나라의 꿈나무 제자들이 있었습니다. 정운찬 전 총리는 지금 스코필드 기념사업회 의장으로 섬기고 있습니다. 그는 1986년 군부 정권 시절 체육관 선거를 끝내고 직선제를 도입하는 교수 서명에 사인을 한 것도 그리고 빈부 격차가 심해진 우리 사회에 동반 성장을 주장하게 된 것도 선교사 스코필드의 영향이었다고 고백합니다.

　1970년 4월 12일, 스코필드 박사는 81세의 나이에 이 땅에서 영면하게 됩니다. 그의 장례는 광복회 주최 사회장으로 엄수되었고, 그는 외국인으로는 유일하게 국립묘지 애국지사 묘역에 안장되었습니다. 운명하기 며칠 전, 그는 얼마 되지 않는 자신의 마지막 자산 중에서 유린보육원에 1,500달러를, 서울 YMCA에 1,000달러를, 나머지는 학생들의 장학금으로 쓰도록 그의 양아들인 당시 서울 수의대 이영소 교수에게 부탁합니다. 그는 자신이 이런 섬김의 인생을 살게 된 원인을 성경적 신앙을 유산으로 남긴 그의 부친의 영향으로 고백했다고 합니다. 그가 평생 묵상한 부친의 시가 있습니다.

　"인생에는 두 개의 길이 있다. 배려의 길, 기도의 길이다. 배려의 길은 환경의 압력에서 힘을 얻게 하고, 기도의 길은 사랑에서 힘을 얻음으로 이제 하나님의 영을 인도자로, 진리를 그의 길로 그리고 하나님의 평화를 보호자로 삼고 걷게 한다."

　이 길이 바로 천국 제자의 길이 아니겠습니까? 우리는 지금 이런 천국 제자들을 키우고 있습니까?

chapter 11

천국 열쇠

천국 문은
예수 그리스도만으로 열린다

열쇠 없이는 그 어떤 문도 열리지 않는다. 천국 문을 열 수 있는 그 열쇠를 주님은 천국 제자들에게 위임하셨다. 그 열쇠로 우리는 교회를 굳건히 세우고, 음부의 권세를 이기고, 영혼들을 천국으로 보내야 한다. 준비되었는가?

| 마태복음 16:18-20 |

또 내가 네게 이르노니 너는 베드로라 내가 이 반석 위에 내 교회
를 세우리니 음부의 권세가 이기지 못하리라 내가 천국 열쇠를 네
게 주리니 네가 땅에서 무엇이든지 매면 하늘에서도 매일 것이요 네
가 땅에서 무엇이든지 풀면 하늘에서도 풀리리라 하시고 이에 제자
들에게 경고하사 자기가 그리스도인 것을 아무에게도 이르지 말라
하시니라

여러 해 전, 일본의 수도인 도쿄를 방문하게 된 세 명의 미국인 사업가가 있었습니다. 그들은 소문난 긴자 거리에서 가까운 유명한 30층 높이의 제국호텔에 묵기로 했습니다. 그들은 도시 정경을 잘 관찰할 수 있는 제일 높은 30층 특실을 숙소로 정한 다음 짐을 풀고 저녁 무렵 긴자 거리 야간 투어에 나섰습니다. 식사를 하고 차를 마시고 여기저기 둘러본 일행은 밤 11시경이 되어서야 호텔로 돌아왔는데, 사건이 기다리고 있었습니다. 전기 고장으로 호텔 엘리베이터가 작동하지 않는다는 것이었습니다. 호텔 측은 불가피한 사정에 대해 양해를 구하면서 30층까지 걸어서 올라가든가, 아니면 호텔 로비에 임시 간이 숙소를 준비하겠다고 제안했습니다. 세 사업가는 잠깐 의논하다가 운동 삼아 30층을 올라가는 것도 추억에 남을 일이란 결론에 도달했습니다. 그런데 그중에 한 사람이 제안하기를, 우리 세 사람이 30층을 올라가야 하니, 한 사람이 10층씩 맡아서 올라가는 동안에 이야기를 하자고 했습니다. 처음 사람은 어린 시절 이야기나 동화 같은 이야기를, 두 번째 사람은 무서운 이야기나 슬픈 이야기를 그리고 마지막 사람은 웃긴 이야기를 하자고 했습니다.

첫 번째 사람의 이야기가 시작됐습니다. 자신의 어린 시절 추억을 이야기하다 보니 어느새 10층에 도달했습니다. 두 번째 사람이 바통을 이어받아 그가 알고 있는 무섭고 슬픈 이야기들을 털어놓다 보니 어느새 20층에 도달했습니다. 이들은 이렇게 이야기하며 계단을 오르기로 한 것은 정말 기발한 아이디어였다고 서로를 칭찬하며 마지막 세 번째 주자에게 바통을 넘겼습니다. 그는 웃기는 이야기 담당이었습니다. 그런데 그가 갑자기 자기는 아무 이야기도 생각이 안 난다고 말했습니다. 이제 와서 그런 말을 하면 어떻게 하느냐며 핀잔을 주었지만 그는 생각이 안 나는데 어쩌란 말이냐며 막무가내였습니다. 그들은 무거워진 발로 비틀거리며 25층, 26층, 27층, 28층, 29층에 도달했습니다. 그 순간 세 번째 웃기는 이야기 담당이 자기 배꼽을 잡으며 혼자 정신없이 웃어 대더니 이제 생각이 났다고 말합니다. 무슨 이야기가 생각났느냐고 다그치자 그는 30층에 발을 디디면서 이렇게 말했습니다. "우리가 방 열쇠를 받지 않고 올라왔어!"

이 세 사업가의 이야기는 우리가 사는 인생에 대한 가장 적절한 풍자를 담고 있지 않습니까? 우리의 꿈 많은 행복한 동화 시절에서 시작된 인생은 비극과 희극, 고통과 환희, 성공과 실패를 함께 경험하며 늙어 갑니다. 드디어 나이 들어 늙고 병약해져 침대에 눕고 인생을 정리할 시점에 도달합니다. 그리고 우리는 천국 문 앞에 서게 됩니다. 그런데 그때 우리에게 천국 문을 열 열쇠가 없다면 어찌하겠습니까? 본문에서 예수님은 당신의 수제자 베드로에게 이렇게 말씀하십니다.

"내가 천국 열쇠를 네게 주리니 네가 땅에서 무엇이든지 매면 하늘에서도 매일 것이요 네가 땅에서 무엇이든지 풀면 하늘에서도 풀리리라 하시고"(마 16:19).

그러면 베드로와 동일한 믿음을 갖고 인생의 길을 여행하는 우리는 과연 천국 열쇠를 갖고 있을까요? 그리고 천국 열쇠의 정체는 무엇일까요? 아니, 이 천국 열쇠는 왜 필요한 것일까요? 이것은 천국을 사모하며 천국 백성으로 살아가는 이들에게 인생의 그 어떤 질문보다 중요한 질문이 아닐 수 없을 것입니다. 천국 열쇠, 왜 중요한 것입니까?

천국 열쇠는 교회를 굳건히 세운다

"또 내가 네게 이르노니 너는 베드로라 내가 이 반석 위에 내 교회를 세우리니 음부의 권세가 이기지 못하리라"(마 16:18).

주님은 당신의 교회를 반석 위에 세울 거라고 말씀하셨습니다. 역사적으로 성경학자들과 신학자들은 본문의 반석이 무엇을 의미하느냐로 논쟁을 벌여 왔습니다. 가톨릭은 이 반석을 문자 그대로 베드로라고 해석해서 그를 지상 교회의 기초가 되는 초대 교황으로 해석해왔고, 자연스럽게 다음 절인 19절에서 그를 천국 열쇠를 위임받은 지도자로 보았습니다. 그러나 개신교 학자들은 18절 원문에서 베드로가 남성 명사 petros임에 반해 반석은 여성 명사 petra로 되어 있는 것 그리고 이어지는 맥락에서 주님이 베드로를 사탄으로 꾸짖으신 것에 근거해 인간 베드로를 의미할 수 없다고 보아, 베드로가 아닌 베드로의 신앙 고백으로 보았습니다. 그 신앙 고백이 바로 마태복음 16장 16절에 기록되어 있습니다.

> "시몬 베드로가 대답하여 이르되 주는 그리스도시요 살아 계신 하나님의 아들이시니이다."

주님은 베드로의 이 신앙 고백을 반석으로 삼아 그 위에 교회를 세울 것을 선포하신 것입니다. 그러므로 19절의 천국 열쇠는 베드로와 동일한 신앙을 고백하는 모든 천국 제자들에게도 주어지는 것입니다. 그래서 19절의 열쇠는 단수가 아닌 복수(keys)로 되어 있습니다. 그렇습니다. 예수만이 그리스도요, 예수만이 하나님의 아들이라는 고백. 이 고백 없이는 아무도 천국 문을 열 수 없을 뿐 아니라, 이 고백 없이 주님의 교회는 세워질 수 없습니다.

교회가 가장 약할 때가 언제입니까? 이 신앙 고백이 불분명할 때입니다. 교회사적으로 그리스도인들의 신앙이 가장 찬란한 빛을 발한 두 시대가 있었다면 초대 교회와 청교도 시대라고 생각합니다. 교인들의 숫자가 많아서가 아니라, 그 시대의 그리스도인들은 박해를 받으면서도 분명한 신앙을 고백했고, 그 고백으로 값비싼 대가를 지불하며 순교의 자리로 나아가곤 했습니다. 그래서 영향력이 있었습니다. 이런 대가 지불이 두려워 적당하게 타협하며 고백적 신앙을 포기한 사람들이 구하는 은혜를 나치 독일과 싸운 신학자 본회퍼(Dietrich Bonhoeffer)는 '값싼 은혜'(cheap grace)라고 말했습니다. 그에게 값싼 은혜는 회개 없는 용서, 훈련 없는 성례, 고백 없는 성찬, 통회 없는 사죄였습니다. 그에게 반나치 운동보다 더 중요한 것은 진정한 고백교회(Confessional Church)의 지체가 되는 것이었습니다. 참된 신앙 고백만이 그리스도의 교회를 굳게 세운다고 믿은 까닭입니다.

천국 열쇠로 음부의 권세를 이긴다

세상에서 가장 강력한 권세가 무엇이겠습니까? 죽음의 권세일 것입니다. 죽음은 모든 것을 삼켜 버립니다. 죽음은 우리의 청춘도, 우리의 미모도, 우리의 권력도, 우리의 부귀도 다 소멸시킵니다. 죽음은 모든 것의 종말입니다. 그러나 성경은 죽음보다 더 두려워할 것이 있다고 가르칩니다. 그것은 죽음 다음에 오는 죽음, 곧 둘째 사망입니다. 둘째 사망은 죄인들에 대한 영원한 형벌의 장소입니다.

> "그러나 두려워하는 자들과 믿지 아니하는 자들과 흉악한 자들과 살인자들과 음행하는 자들과 점술가들과 우상 숭배자들과 거짓말하는 모든 자들은 불과 유황으로 타는 못에 던져지리니 이것이 둘째 사망

이라"(계 21:8).

본문에서 '반석 위에 세워진 교회는 음부의 권세가 이기지 못하리라'고 하실 때, 여기서 '음부'는 죽음과 지옥의 권세를 모두 포괄하는 단어로 생각됩니다. 원문에는 '하데스의 문들'(the gates of Hades)이라고 되어 있습니다. 하데스는 죽음과 죽음 이후 형벌의 장소인 지옥을 포함하는 단어입니다. 그런데 이 하데스의 문들이 교회를 이길 수 없다고 말씀하십니다. 이유가 무엇입니까? 교회가 선포하는 메시지 때문입니다. 교회는 죽음의 문 혹은 지옥의 문이 인류를 삼키지 못하도록 하는 열쇠를 소유한 것입니다.

"곧 살아 있는 자라 내가 전에 죽었었노라 볼지어다 이제 세세토록 살아 있어 사망과 음부의 열쇠를 가졌노니"(계 1:18).

사망과 음부의 열쇠는 더 이상 사탄 마귀가 갖고 있지 못합니다. 죽음을 이기고 부활하신 그리스도가 갖고 계십니다. 그는 이미 한 번 죽으셨습니다. 그래서 그는 죽음을 두려워할 필요가 없는 분이십니다. 그리고 이제 영원토록 살아 계십니다. 그는 이제 죽음과 지옥이 당신의 백성을 삼키지 못하도록 막고 계십니다. 그리고 천국의 열쇠로 영원한 생명을 우리에게 언약하십니다. 음부의 권세를 이긴다는 말은 죽음을 두려워하지 않게 된다는 것에서 끝나는 약속이 아닙니다.

우리는 세상을 살아가는 동안 지속적으로 죽음의 그림자들을 느끼게 됩니다. 질병, 불안, 공포, 낙담, 절망이 그것입니다. 그러나 복음성가 〈살아 계신 주〉(Because He lives)의 가사를 기억하십시오.

주 하나님 독생자 예수 날 위하여 오시었네
내 모든 죄 다 사하시고 죽음에서 부활하신 나의 구세주
살아 계신 주 나의 참된 소망 걱정 근심 전혀 없네
사랑의 주 내 갈 길 인도하니 내 모든 삶의 기쁨 늘 충만하네

그래서 우리는 이제 이 땅에서 사망의 음침한 골짜기를 통과할지라도 《천로역정》의 크리스천 그리고 그의 신실한 친구와 함께 고백할 수 있습니다.

"내가 사망의 음침한 골짜기로 다닐지라도 해를 두려워하지 않을 것은 주께서 나와 함께하심이라 주의 지팡이와 막대기가 나를 안위하시나이다"(시 23:4).

그렇습니다. 천국 열쇠, 천국의 소망이 우리로 음부의 권세를 이기게 하는 것입니다.

천국 열쇠로 땅에서 하늘 문을 열 수 있다

"내가 천국 열쇠를 네게 주리니 네가 땅에서 무엇이든지 매면 하늘에서도 매일 것이요 네가 땅에서 무엇이든지 풀면 하늘에서도 풀리리라 하시고"(마 16:19).

이 말씀은 우리가 천국 열쇠로 천국 문을 열고 천국에 간다는 단순한 이야기가 아닙니다. 이는 그 천국 문을 여는 권세를 땅에서부터 행사할 수 있게 된다는 약속입니다.

사도 베드로를 통해 일어난 가장 놀라운 일이 무엇입니까? 사도행전 10장에 보면, 베드로가 환상을 보고 이달리야 백부장 고넬료를 찾아가 복음을 전하면서 주님이 이방인들에게 믿음의 문을 여신 것을 목격하게 되는 사건입니다.

"베드로와 함께 온 할례 받은 신자들이 이방인들에게도 성령 부어 주심으로 말미암아 놀라니"(행 10:45).

유대인들만 하나님의 선민으로 믿었던 그들의 편견이 깨지는 놀라운 순간이었습니다. 이제 베드로에 이어 바울 사도를 이방인의 선교사로 파송하는 역사가 전개됩니다.

"그들이 이르러 교회를 모아 하나님이 함께 행하신 모든 일과 이방인들에게 믿음의 문을 여신 것을 보고하고"(행 14:27).

천국 열쇠로 복음을 향해 이 땅의 닫힌 곳들의 문을 열기 시작한 것입니다. 주님이 빌라델비아교회를 향해 주셨던 말씀을 상기해 보십시오.

"빌라델비아교회의 사자에게 편지하라 거룩하고 진실하사 다윗의 열쇠를 가지신 이 곧 열면 닫을 사람이 없고 닫으면 열 사람이 없는 그가 이르시되 볼지어다 내가 네 앞에 열린 문을 두었으되 능히 닫을 사람이 없으리라 내가 네 행위를 아노니 네가 작은 능력을 가지고서도 내 말을 지키며 내 이름을 배반하지 아니하였도다"(계 3:7-8).

그렇습니다. 이 부활하신 그리스도를 인생의 주인으로 영접한 순간, 우리는 복음의 문이 닫힌 사람들에게 나아가 천국의 문을 여는 권세를 땅에서부터 행하는 것입니다.

인천시 항동(제물포)에 세워진 한국 기독교 100주년 기념탑을 방문하면 1885년 4월 5일 부활절 오후, 아직 복음의 문을 잠그고 있던 어두운 이 땅에 처음 도착한 아펜젤러(Henry Gerhard Appenzeller)와 언더우드(Horace Grant Underwood)의 기도문이 새겨져 있습니다.

"오늘 사망의 빗장을 부수고 부활하신 주님께 간구하오니 어둠속에서 억압을 받고 있는 이 한국 백성에게 밝은 빛과 자유를 허락하옵소서."

이 두 청년의 상륙으로 오늘 우리가 살고 있는 이 땅에 복음의 문이 열리게 된 것입니다. 그러나 복음은 우리를 하나님의 백성이 되게 하는 데서 멈추지 않습니다. 인간과 인간 사이의 묶인 것을 풀고, 죄 사함과 평화의 새 삶을 가져옵니다. 이 땅에서 벌써 우리는 천국을 경험하게 되는 것입니다. 복음을 들고 국내외로 흩어져 선교에 동참하는 모든 성도들 또한 이 천국 열쇠를 갖고 나아간다는 것을 잊지 말아야 합니다.

성가대 찬양으로 자주 불리는 본문에 입각한 노래 가사를 함께 기억하고 싶습니다. 〈주 예수만이 열쇠〉(Jesus is still the answer)라는 제목의 찬양입니다.

주 예수만이 열쇠 내 모든 것
나의 기쁨 참소망 되신 주
살아 계신 하나님 느낄 수 없다고
이 세상 수많은 사람들 다 말들 하지만
그러나 나 말하고 싶어요
나를 온전케 하신 그 보혈
오 주 예수만이 열쇠
내 모든 것이 되신 주

...

주 예수만이 열쇠 온 세월 지나가도

주 예수만이 열쇠 나의 모든 문제의

너와 나의 온 죄 때문에 피 흘려 죽으신

내 주 예수님만이 열쇠

오직 예수 주님만이 열쇠

오직 예수

그렇습니다. 주 예수만이 열쇠이십니다. 그는 천국 문을 열고 땅의 문제를 해결하는 열쇠이십니다. 주 예수만이 구주와 주님, 그리스도이심을 믿는 순간, 이 열쇠는 우리 모두의 것입니다. 이 천국 열쇠를 주신 주님을 찬양하십시오!

chapter 12

천국에서
큰 자

**세상의 가치가 아닌
천국의 가치를 따르라**

사람이라면 누구나 큰 자가 되고 싶은 본능이 있다. 그런데 우리의 왕은 우리에게 어린이가 되라고 하신다. 어린이가 천국에서 큰 자라고 하신다. 다윗은 영원히 어린이 같은 전사였고, 어린이 같은 왕이었다. 그는 왕의 마음에 맞는 자였다.

그때에 제자들이 예수께 나아와 이르되 천국에서는 누가 크니이까 예수께서 한 어린아이를 불러 그들 가운데 세우시고 이르시되 진실로 너희에게 이르노니 너희가 돌이켜 어린아이들과 같이 되지 아니하면 결단코 천국에 들어가지 못하리라 그러므로 누구든지 이 어린아이와 같이 자기를 낮추는 사람이 천국에서 큰 자니라 또 누구든지 내 이름으로 이런 어린아이 하나를 영접하면 곧 나를 영접함이니 누구든지 나를 믿는 이 작은 자 중 하나를 실족하게 하면 차라리 연자 맷돌이 그 목에 달려서 깊은 바다에 빠뜨려지는 것이 나으니라 … 삼가 이 작은 자 중의 하나도 업신여기지 말라 너희에게 말하노니 그들의 천사들이 하늘에서 하늘에 계신 내 아버지의 얼굴을 항상 뵈옵느니라

최근 비 온 후 하늘에 뜬 무지개를 보고 가슴이 설레었던 적이 있습니까? 영국의 낭만주의 시인 윌리엄 워즈워스(William Wordsworth)의 〈무지개〉(The Rainbow)라는 시가 있습니다.

> 하늘의 무지개를 볼 때마다
> 내 가슴 설레느니
> 나 어린 시절에도 그러했고
> 어른이 된 오늘에도 그러하니
> 나 늙어진 후에도 여전히 그러하리라
> 아니면 차라리 죽음이 나으리
> 어린이는 어른의 아버지
> 바라기는 남은 내 생의 날들이
> 자연의 경건함으로 이어지기를

윌리엄 워즈워스는 젊은 날 범신론으로 기울었다가 늙어 가며 다시 전통적 기독교 신앙으로 돌아온 시인입니다. 젊은 날 자신이 경외한 자연이 하나님의 창조적 작품임을 철들며 더욱 깨닫게 됩니다. 그는 신이나 예수라는 단어를 직접적으로 많이 사용하진 않았지만, 대신

'임재'(Presence)나 '신비'(Mystery)라는 단어로 신의 존재를 표현하곤 했습니다. 그리고 그는 젊은 날 자신이 경외한 자연 이상으로 신의 피조물인 인간의 신비성을 깨우쳐 갑니다. 그런 마음을 가지고 시 〈무지개〉에서도 어린 시절 무지개를 바라보며 느낀 그 신비한 감동을 늙어서도 여전히 간직하기를 소망한다고 고백한 것입니다. 심지어 그런 감동을 잃어버리는 것이 바로 죽음이라고 이야기합니다. 그런 의미에서 그는 "어린이는 어른의 아버지"(The Child is father of the Man)라는 유명한 고백을 남겼습니다.

마태복음에는 유난히 종말론적 천국 이야기가 많이 등장합니다. 어느 날 제자들이 주님에게 나아와 질문을 던집니다.

"그때에 제자들이 예수께 나아와 이르되 천국에서는 누가 크니이까"(마 18:1).

예수의 제자가 되었지만 아직도 세속성을 많이 벗지 못한 제자들은 완성된 천국에 들어갈 때 누가 더 큰 제자, 위대한 제자로 인정될 것인가에 관심이 많았던 것 같습니다. 이때 예수님의 대답이 무엇입니까?

"예수께서 한 어린아이를 불러 그들 가운데 세우시고 이르시되 진실로 너희에게 이르노니 너희가 돌이켜 어린아이들과 같이 되지 아니하면 결단코 천국에 들어가지 못하리라"(마 18:2-3).

어린아이라는 말에는 긍정적 이미지가 따라올 수도 있고 부정적 이미지가 따라올 수도 있습니다. 성경에서도 어린아이란 말이 긍정적인 의미와 부정적인 의미, 양편으로 다 사용되고 있습니다. 영어 또한 유치한 아이들이란 부정적 이미지를 부각할 때는 'childish'라는 표현을, 긍정적 이미지를 부각할 때는 'childlike'란 표현을 사용합니다. 여기 본문의 맥락에서는 후자의 의미, 곧 긍정적인 의미로 사용된 것입니다. 그렇다면 천국 백성, 천국 제자가 어린아이 같아야 할 이유는 무엇일까요?

자신을 낮추는 사람이어야 하기 때문에

여기서 '낮추다'라는 의미는 무엇일까요? 자신의 약점을 알고 자신보다 더 큰 자를 신뢰할 줄 아는 겸손일 것입니다. 어린아이들은 난관에 부딪힐 때 자기보다 힘이 센 어른들에게 달려가 도움을 청합니다. 그러므로 만일 어떤 사람이 전능자이신 하나님에게 달려가 도움을 청하지 못한다면, 그는 교만한 사람일 것입니다. 기독교의 가장 중요한 사건은 구원입니다. 누군가가 구원을 얻으려면 그는 먼저 자신이 스스로를 구원할 수 없다는 것을 인정하고(죄인 됨의 인정), 예수님만을 구원의 주로 받아들이고, 그분에게 자신의 구원을 의탁해야 할 것입니다. 그런 의미에서 천국은 겸손하지 않은 사람은 들어갈 수 없는 나라입니다.

그러나 천국에 들어가기 위해서만 겸손이 필요한 것은 아닙니다. 우리의 삶을 온전히 주님에게 드리기 위해서도 겸손은 필요합니다. 그런 의미에서 스펄전(C. H. Spurgeon) 목사님은 "겸손은 자신의 상태나 상황에 대한 정확한 평가"라고 말합니다.

링컨(Abraham Lincoln) 대통령의 일화 중에 대통령인 자신의 소견에 대해서 국방 참모인 에드윈 스탠턴(Edwin M. Stanton)이 '바보 같은 소리'라고 전하자, 링컨은 이렇게 말했다고 합니다.

"스탠턴 경이 바보 같은 소리라고 했다면 바보 같은 소리가 맞을 거요. 그 문제에 대해 그는 나보다 더 전문가니까요."

링컨이야말로 정말 겸손한 사람이 아닙니까?

몇 해 전, 미주와 한국 목회자 및 선교사 등 70여 명과 함께 홍콩/마카오에서 모임을 가진 적이 있습니다. 그때 한 1.5세 목사님이 미국 한인 교회에서 겪은 간증을 나누었는데 우리 모두에게 깊은 인상을 남겼습니다. 한 장로님이 어느 날 목사님에게 '목사 새끼'라는 말을 했다고 합니다. 얼마나 열 받을 일입니까? 그런데 그때 이 젊은 목사님은 이렇게 응답했다고 합니다.

"장로님, 어떻게 아셨어요? 제 부친이 목사이셨습니다. 제가 본래부터 목사 새끼거든요."

이런 겸손으로 그는 교회의 모든 문제들을 극복할 수 있었다고 간증했습니다. 요즘이야말로 이런 겸손이 필요한 때가 아니겠습니까?

요즘 우리 시대의 유행어 중에 '미친 존재감'이란 말이 있습니다. 자신의 존재의식에의 지나친 매달림, 그것이 우리 자신을 과도하게 포장하고, 허위의식으로 자신을 왜곡하고 있는 것입니다. 최근 한 유명 가수가 국내 모든 언론 앞에서 기자회견을 열어 자신은 마약을 한 일이 없다고 공언했는데, 불과 2주가 지나지 않아 그 허위가 드러났습니다. 그의 변명이 무엇이었습니까? '자신을 내려놓기가 두려웠다'는 것입니다. 그러나 그 거짓이 자신을 지킬 수 있었습니까? 오히려 그가 정직하게 스스로를 내려놓았다면 그의 팬들은 그를 관대하게 용서했을 것입니다.

사람들이 겸손하지 못하는 이유는 하나님 앞에 서 보지 못했기 때문입니다. 십자가 앞에 서 보지 못했기 때문입니다. 내 모든 것을 아시는 하나님 앞에 선다면, 내 죄를 짊어지고 십자가에 매달리신 주님 앞에 선다면 죄인 아닌 사람이 누가 있겠습니까? 우리가 겸손하지 못할 이유가 어디 있겠습니까? 그런 의미에서 어린아이같이 자신을 낮추는 것, 이것은 천국 입문의 필수 덕목인 것입니다.

작은 것을 소중히 여기는 사람이어야 하기 때문에

본문의 사건은 제자들의 질문, '천국에서 큰 자는 누구입니까?'에서 시작되었다는 것을 잊지 마십시오.

"그러므로 누구든지 이 어린아이와 같이 자기를 낮추는 사람이 천국에서 큰 자니라 또 누구든지 내 이름으로 이런 어린아이 하나를 영접하면 곧 나를 영접함이니"(마 18:4-5).

또한 예수님이 당신 자신을 어린아이와 동일시하고 계심을 놓치지 마십시오. 천국은 작은 것이 소중히 여겨지는 나라이기 때문입니다. 이미 천국의 여러 비유에서 본 것처럼, 위대한 생명의 역사는 작은 씨앗에서부터 시작되었습니다. 마이크로 디자인(micro design) 없이 메가 임팩트(mega impact)는 가능하지 않습니다. 우리 시대의 위대한 발견 중 하나는 어린이의 인권을 발견한 것입니다. 소파 방정환 선생이 우리나라에선 처음으로 '어린이'(어리신 이)라는 이름을 작명(1920년)했습니다. 그전까지 어린이는 아이, 어린애, 아해, 얼라, 어린 놈, 아새끼로 불렸습니다.

그런데 예수님은 이보다 2천 년 앞서 어린이의 지위를 천국의 주인공으로 격상하셨습니다. 그리고 어린이와 함께 모든 작은 자들의 중요성을 가르치셨습니다. 작은 자 하나에 대한 실족은 가장 큰 범죄에 해당한다고 가르치셨습니다.

"누구든지 나를 믿는 이 작은 자 중 하나를 실족하게 하면 차라리 연자 맷돌이 그 목에 달려서 깊은 바다에 빠뜨려지는 것이 나으니라"(마 18:6).

사실 예수님이 가장 작은 자로 이 땅, 작은 나라 이스라엘, 그중에서도 작은 촌락 베들레헴, 구유에 아기의 모습으로 오심 자체가 위대한 것, 큰 것의 가치를 재 정의하신 것입니다. 마태복음 20장의 말씀에서 이 가르침은 더 분명해집니다.

"너희 중에는 그렇지 않아야 하나니 너희 중에 누구든지 크고자 하는 자는 너희를 섬기는 자가 되고 너희 중에 누구든지 으뜸이 되고자 하는 자는 너희의 종이 되어야 하리라"(마 20:26-27).

본문 10절에서는 "삼가 이 작은 자 중의 하나도 업신여기지 말라 … 천사들이 하늘에서 하늘에 계신 내 아버지의 얼굴을 항상 뵈옵느니라"라고 말씀하셨습니다. 작은 자를 소중히 여기고 작은 일을 성실하게 섬기는 사람들이 칭찬받는 나라, 그것이 바로 그분이 가르치신 천국, 하나님 나라의 본질이었던 것입니다. 왜 우리는 어린아이 같은 사람이 되어야 합니까? 천국의 가치를 따라 작은 자, 작은 일을 소중히 여기는 사람이 되어야 하기 때문입니다. 진정으로 '큰 자'가 되기 위해서입니다.

지속적인 궤도 수정이 가능한 사람이어야 하기 때문에

본문 3절의 '돌이켜' 혹은 '되지 아니하면' 등의 희랍어 시제는 미완료

형으로, 과거 한때의 돌이킴으로 끝나지 않고 계속해서 돌이켜 만들어지는 지속적인 궤도 수정을 의미합니다. 어린아이의 특성은 계속해서 배우고 성장한다는 것입니다. 그의 창조성과 상상력이 가진 엄청난 가능성을 발휘하며 주의 뜻을 실현해 가는 종으로 평생을 살아야 할 존재입니다. 그런 의미에서 우리도 좋은 의미의 어린아이 같은 어른으로 계속 머물러 살아야 합니다.

《기도의 원 그리기》(더드림 역간)의 저자인 마크 배터슨(Mark Batterson)은 우리가 예수님을 영접하면 두 가지 성화가 시작된다고 말합니다. 하나는 그리스도를 닮는 성화, 또 하나는 어린아이처럼 되어 가는 성화입니다. 그리고 그런 대표적인 사람으로 다윗을 예로 들고 있습니다. 다윗은 결코 완전한 사람은 아니었습니다. 그러나 그는 자신의 잘못이 지적되었을 때 선지자 나단 앞에서 무릎을 꿇을 수 있는 겸손한 사람이었습니다.

그가 블레셋 적군을 물리치고 시온을 수복한 후 하나님의 임재를 상징하는 언약궤가 다윗 성으로 들어올 때, 그는 여호와 앞에서 뛰놀며 춤을 추었다고 성경은 기록합니다. 그리고 겉옷까지도 벗고 몸을 드러냈다고 성경은 기록합니다. 공주로 평생을 살아온 그의 아내 미갈은 이런 왕의 행동을 이해하지 못해 그를 조롱하고 비웃었습니다. 왕이 체면을 꾸기고 있다고 생각한 것입니다. 그때 왕의 대답이 무엇입니까?

"내가 이보다 더 낮아져서 스스로 천하게 보일지라도 네가 말한 바 계

집종에게는 내가 높임을 받으리라 한지라"(삼하 6:22).

하나님은 누구의 손을 들어 주셨습니까? 물론 다윗 왕이었습니다.

미갈은 이 일로 평생 자식을 갖지 못했다고 성경은 기록합니다. 하나

님은 당신 앞에서 옷을 벗고 춤을 춘 왕의 어린아이 같은 순수함을 귀

히 보셨고, (그가 실수가 없는 사람은 아니었지만) 그에게서 평생 '하나님의

마음에 맞는 사람'의 명예를 거두지 않으셨습니다. 우리가 시편을 좋

아하는 이유가 무엇입니까? 다윗의 옷을 벗은 정직한 자기 고백이 거

기에 있기 때문입니다. 시편은 평생 동심으로 주를 섬긴 다윗의 고백

록입니다. 그가 늙은 왕이 되어서도 우리를 감동시키는 이유는, 늙은

왕 다윗 안에 여전히 어린 목동이 춤추고 있었기 때문입니다. 그는 늙

어서도 여전히 배우고 경청하는, 시를 쓰고 노래하며 춤추는 어린 목

동이었습니다.

우리에게도 이런 어린아이 됨을 사모하는 마음이 있어야 합니다.

천국 백성, 천국 제자는 누구입니까? 어린아이의 마음으로 평생을 주

님 앞에 사는 사람들입니다.

윌리엄 커싱(William Cushing)이라는 목사님이 말라기 3장을 읽고 묵

상하다가 17절 말씀인 "만군의 여호와가 이르노라 나는 내가 정한 날

에 그들을 나의 특별한 소유로 삼을 것이요"의 이 특별한 주님의 소유,

주님의 보배가 누구인가를 생각했을 때 하나님에게 속한 어린이들이라고 생각되어 어린이를 주제로 한 찬송시를 지었는데, 그것이 바로 〈예수께서 오실 때에〉(새찬송가 564장)입니다.

예수께서 오실 때에 그 귀중한 보배 하나라도 남김없이 다 찾으시리
샛별 같은 그 보배 면류관에 달려 반짝반짝 빛나게 비치리로다

주를 사랑하는 아이 이 세상에 살 때 주의 말씀 순종하면 참 보배로다
샛별 같은 그 보배 면류관에 달려 반짝반짝 빛나게 비치리로다

하나님의 백성 모두가 하나님 앞에서는 순전한 어린아이로, 천국에서는 큰 자로 평생을 사는 축복이 있기를 소망합니다.

chapter 13

천국 백성의
용서

용서는 천국 백성이
갖추어야 할 성품이다

용서는 니체에 의하면 약자의 미덕이다. 그러나 우리의 왕은 용
서가 천국의 미덕이라고 가르치신다. 용서 없이 천국의 문은 열
리지 않는다. 용서를 배우지 않고는, 용서를 실천하지 않고는
아무도 우리의 왕 앞에 설 수가 없다고 하신다.

그때에 베드로가 나아와 이르되 주여 형제가 내게 죄를 범하면 몇 번이나 용서하여 주리이까 일곱 번까지 하오리이까 예수께서 이르시되 네게 이르노니 일곱 번뿐 아니라 일곱 번을 일흔 번까지라도 할지니라 그러므로 천국은 그 종들과 결산하려 하던 어떤 임금과 같으니 결산할 때에 만 달란트 빚진 자 하나를 데려오매 갚을 것이 없는지라 주인이 명하여 그 몸과 아내와 자식들과 모든 소유를 다 팔아 갚게 하라 하니 그 종이 엎드려 절하며 이르되 내게 참으소서 다 갚으리이다 하거늘 그 종의 주인이 불쌍히 여겨 놓아 보내며 그 빚을 탕감하여 주었더니 그 종이 나가서 자기에게 백 데나리온 빚진 동료 한 사람을 만나 붙들어 목을 잡고 이르되 빚을 갚으라 하매 … 주인이 노하여 그 빚을 다 갚도록 그를 옥졸들에게 넘기니라 너희가 각각 마음으로부터 형제를 용서하지 아니하면 나의 하늘 아버지께서도 너희에게 이와 같이 하시리라

기독교 신앙이 다른 종교와 구별되는 독특한 차별성은 무엇일까요? 필립 얀시(Philip Yancey)가 쓴 명저《놀라운 하나님의 은혜》(IVP 역간)에 보면, 이 주제를 가지고 영국에서 비교 종교학회가 열린 적이 있었다고 합니다. 어떤 학자가 '성육신 신앙'이라고 발표하자 다른 학자가, 신이 인간이 되었다는 주장은 다른 종교에도 없지 않다고 반론을 폈다고 합니다. 그러자 또 다른 학자가 기독교 신앙의 독특성은 '부활 신앙'이 아니겠냐고 발표하자 또다시 다른 학자는, 죽은 자의 환생을 가르치는 종교는 기독교 말고도 있다고 반론을 폈다고 합니다. 이때 유명한 옥스퍼드의 C. S. 루이스 교수가 일어나 아무래도 기독교 신앙의 유일한 독특성은 '은혜'(Grace)인 것 같다고 주장하자 다른 학자들도 이의 없이 동의했다고 합니다.

은혜가 무엇입니까? 받을 자격이 없는 사람들에게 조건 없이 일방적으로 베풀어지는 하나님의 사랑과 호의가 아닙니까? 그 은혜로 우리는 구원받고, 그 은혜로 우리는 믿음의 삶을 살고 있습니다. 이것을 가장 아름답게 표현한 찬송이 우리가 애창하는 존 뉴턴(John Newton)의 〈나 같은 죄인 살리신〉(새찬송가 305장)입니다.

나 같은 죄인 살리신 주 은혜 놀라워

잃었던 생명 찾았고 광명을 얻었네

큰 죄악에서 건지신 주 은혜 고마워
나 처음 믿은 그 시간 귀하고 귀하다

이제껏 내가 산 것도 주님의 은혜라
또 나를 장차 본향에 인도해 주시리

그렇다면 우리가 하나님의 은혜를 발견한, 혹은 하나님의 은혜를 체험한 사람이라는 구체적인 삶의 증거는 무엇이겠습니까? 그것은 바로 이웃에 대한 관대한 용서의 삶이라고 믿습니다. 그것을 가르치는 대표적인 천국 백성의 비유가 바로 본문에 기록된 '용서할 줄 모르는 종의 비유'라고 할 수 있습니다. 본문의 비유는 베드로의 이런 질문으로 시작됩니다.

"그때에 베드로가 나아와 이르되 주여 형제가 내게 죄를 범하면 몇 번이나 용서하여 주리이까 일곱 번까지 하오리이까"(마 18:21).

예수님 당시 바리새인들은 두 번의 용서를 가르쳤고 랍비들은 세 번까지의 용서를 가르쳤으므로, 베드로는 예수의 제자들이 일곱 번 용서한다면 그것은 최고의 용서가 아니겠느냐고 생각한 것 같습니다. 그런데 뜻밖에 예수님은 이렇게 대답하십니다.

"예수께서 이르시되 네게 이르노니 일곱 번뿐 아니라 일곱 번을 일흔 번까지라도 할지니라"(마 18:22).

즉 용서가 삶의 스타일이 되어야 한다고 가르치신 것입니다. 이것은 복수가 일상적 스타일이 된 구약 율법의 가르침과는 정반대의 삶의 모습입니다.

"가인을 위하여는 벌이 칠 배일진대 라멕을 위하여는 벌이 칠십칠 배이리로다 하였더라"(창 4:24).

그런데 예수님은 일곱 번을 일흔 번이라도 용서하라고 가르치신 것입니다. 그리고 이어지는 천국 백성의 비유("그러므로 천국은"[23절])에서 서로 다른 유형의 삶을 사는 두 사람을 보여 주십니다.

정죄의 영에 사로잡힌 사람

그는 누구입니까? 본문에 보면 그는 주인에게 1만 달란트의 빚을 탕감받은 사람입니다. 예수님 당시에는 금 한 달란트가 16년 치 월급에 해당했다고 합니다. 그러니 1만 달란트면 16만 년을 벌어야 하는 어마어마한 액수로 상상조차 할 수 없는 금액입니다. 한마디로 갚을 희망이 없는 액수의 빚이 있었는데, 이것을 일시에 다 탕감 받았다는 것입니다.

"그 종의 주인이 불쌍히 여겨 놓아 보내며 그 빚을 탕감하여 주었더니"(마 18:27).

이것이 우리가 인생의 주인 되신 하나님 그리고 하나님의 아들 되신 예수님에게 받은 은혜입니다. 하나님 앞에 갚을 수 없는 어마어마한 죄를 지은 우리를 불쌍히 여기시어 십자가 앞에 나아와 엎드린 우리의 죄를 단번에 다 용서하셨다는 것입니다. 그런데 본문에 묘사된 종은 이 엄청난 탕감의 은혜를 받고 어떻게 했습니까?

"그 종이 나가서 자기에게 백 데나리온 빚진 동료 한 사람을 만나 붙들어 목을 잡고 이르되 빚을 갚으라 하매"(마 18:28).

예수님 당시 한 데나리온은 일꾼 한 사람의 하루 임금이었습니다. 그러니 100데나리온은 약 3개월 치의 임금에 해당됩니다. 16만 년의 빚을 탕감 받은 이 사람이 불과 3개월의 빚을 지고 있는 이웃을 붙들고 목을 비틀며 빚 독촉을 하고 있는 모습을 보십시오. 이것이 바로 자신은 주님에게 엄청난 용서를 받고도 이웃의 작은 허물은 간과하지 못하는 정죄의 영에 사로잡힌 사람들의 모습입니다. 또한 자기 눈의 들보를 용서받고도 이웃의 눈의 티를 공격하고 고발하는 사람들의 모습입니다. 그렇다면 본문은 주님이 이들을 어떻게 하신다고 가르칩니까?

주인의 진노에 직면하게 됨

"이에 주인이 그를 불러다가 말하되 악한 종아 네가 빌기에 내가 네 빚을 전부 탕감하여 주었거늘 내가 너를 불쌍히 여김과 같이 너도 네 동료를 불쌍히 여김이 마땅하지 아니하냐 하고"(마 18:32-33).

위의 말씀에 이어지는 34절은 "주인이 노하여"라고 기록합니다. 아니, 당연히 갚아야 할 빚을 독촉한 것이 무엇이 잘못이냐고 강변할지 모릅니다. 그러나 정죄의 영에 사로잡힌 사람일수록 이웃의 허물을 찾는 일에는 혈안이 되어 있지만 자기반성은 없습니다. 자신이 하나님 앞에 어떠한 죄인이었는가를 통찰하지 못합니다. 그리고 빗나간 정의의 이름으로 이웃을 공격하고 비판합니다. 때로는 있지도 않은 이웃의 허물을 만들어 공격하며 공격의 쾌감을 즐깁니다. 주님은 이런 사람들을 '악한 종'이라 하시며, 그들의 하는 일을 '악한 일'이라고 말씀하십니다. 그리고 이런 악한 일의 배후에는 언제나 악한 영이 존재합니다. 악마를 뜻하는 희랍어 '디아볼로스'(Diabolos)는 우리말로 참소자 혹은 고발자로 번역됩니다. 습관적으로 이웃을 참소하고 고발하는 사람은 악마의 도구로 그렇게 하는 것입니다.

자, 이런 사람들에 대해 주님은 어떻게 하겠다고 하십니까? 34절을 보십시오. 주인이 진노할 것이라고 말씀하십니다. 그렇다면 어떻게 진노하실까요? 이런 교인들이 존재했던 초대 교회가 고린도교회였습니다. 그들은 파당을 만들고 바울의 사도권을 공격하고 성찬을 소홀히 여겼습니다. 지금으로 말하자면 예배는 소홀히 하고 파당을 만들어 이웃을 공격하는 일에 열중한 것입니다. 바울 사도는 이런 이들을 향한 주의 진노, 주의 경고를 이렇게 이야기합니다.

> "그러므로 너희 중에 약한 자와 병든 자가 많고 잠자는 자도 적지 아니하니"(고전 11:30).

이 말씀은 주의 진노의 3단계를 이야기합니다. 처음엔 약하게 하시고, 그래도 말을 듣지 않으면 병들게 하시고, 그래도 거역하면 잠자게 하신다, 곧 이 땅에서 목숨을 거두어 가신다는 것입니다. 저는 우리 중에 이런 이들이 없기를 기도합니다.

요즘 우리는 카톡이나 밴드 활동을 자주 하는데, 만일 소속된 밴드에 이런 정죄의 영이 넘치거든 당장 그 밴드를 떠나십시오. 결코 당신의 영혼과 믿음의 삶에 유익이 되지 못할 것입니다. 이어서 이런 정죄의 영에 사로잡힌 결과를 계속 지켜보십시오.

마음의 감옥에 갇히게 됨

> "주인이 노하여 그 빚을 다 갚도록 그를 옥졸들에게 넘기니라 너희가 각각 마음으로부터 형제를 용서하지 아니하면 나의 하늘 아버지께서

도 너희에게 이와 같이 하시리라"(마 18:34-35).

여기 옥졸들에게 넘긴다는 말은 희랍어 원문으로 '옥에서 고문을 당하다'라는 뜻입니다. 그리고 이어서 예수님은 용서하지 못하고 미움과 정죄의 영에 사로잡힌 사람들의 마음의 상태가 그렇다고 말씀하십니다. 그들의 마음이 지옥이라는 것입니다. 스스로를 고문하고 자신을 파멸시키는 삶을 살 것에 대한 경고입니다. 그렇게 살겠습니까, 아니면 속히 그 감옥에서 걸어 나와 자유와 용서의 삶을 살겠습니까?

결국 본문에 기록된 천국 백성의 비유는 우리에게 두 번째 유형의 사람됨을 촉구하시는 것입니다. 그렇다면 정죄의 영에 사로잡힌 사람의 반대는 무엇입니까?

은혜의 영에 사로잡힌 사람
그는 누구입니까?

주님의 은혜로만 용서가 가능함을 믿는 사람

본문에서 주님이 베드로에게 일곱 번씩 일흔 번이라도 용서하라고 말씀하셨을 때, 그가 묻고 싶은 질문이 있었다면 이것일 것입니다.

"그것이 어떻게 가능한 일이겠습니까?"

그때 주님이 주실 수 있는 대답은 무엇이었겠습니까?

"네가 내 은혜를 기억한다면 가능하지 않겠니?"

그런데 그 대답 대신 주님은 1만 달란트 빚진 종의 이야기를 하셨습니다. 핵심적인 가르침은 무엇입니까? '너는 갚을 수 없는 내 은혜에 빚진 자'라는 것입니다.

이런 은혜의 역사로 이루어진 금세기 최고의 용서 드라마는 베트남 전쟁을 배경으로 한 공군 조종사와 당시 아홉 살 먹은 킴푹이라는 소녀의 이야기입니다. 1972년 6월 8일, 미군 조종사 존 플러머는 상부의 명령을 받고 베트남 트랑방 마을에 네이팜탄을 투하했습니다. 그는 당시 그곳에 민간인은 없을 것이라는 정보를 받고 그렇게 한 것입니다. 적들이 은거한 마을은 깨끗이 소탕되었고, 작전에 성공한 그는 1974년 고국으로 돌아왔습니다.

그런데 어느 날, 그는 신문에 실린 베트남 전쟁 사진 한 장을 보게 됩니다. 트랑방 마을에 네이팜탄이 투하되었을 때 전신 화상을 입은 벌거벗은 소녀가 울부짖으며 거리를 뛰고 있는 모습입니다. 아무리 생각해도 자기가 비행기에서 떨어뜨린 폭탄의 결과임을 직감한 이 퇴역 조종사는 식사도 제대로 못 하고 잠도 자지 못한 채 술로 세월을 보내게 됩니다.

그렇게 20년이라는 세월이 흘러갑니다. 그동안 킴푹은 뜻있는 미국 그리스도인들의 배려로 미국 병원에서 1년 2개월간 입원하며 열일곱 번의 수술을 받게 됩니다. 그리고 자기를 도와준 그리스도인들의 전도로 예수님을 영접합니다. 한편 조종사 플러머는 알코올 의존증과 몇 차례의 이혼을 겪고 마침내 하나님 앞에 돌아와 예수를 믿고 신학을 공부한 후 목사가 됩니다. 그리고 워싱턴 D. C. 베트남 참전 기념일에 킴푹의 연설이 있다는 뉴스를 접하고 그곳으로 날아갑니다. 그녀의 연설이 끝나자 그는 그녀 앞에 다가가 무릎을 꿇고 통곡을 합니다. 조종사를 알아본 소녀 킴푹(이제는 33세의 여인)은 49세가 된 목사 플러머에게 다가가 그를 포용하며 세 마디 말을 남깁니다.

"It's all right. I forgive. I forgive"(괜찮아요. 용서해요. 내가 용서해요).

후일 킴푹은 그녀의 자서전에서 이것은 모두 하나님의 은혜 때문에 가능한 일이었다고 말합니다. 플러머도 킴푹도 은혜의 영에 사로잡힌 것입니다. 그리고 일어난 용서의 기적, 은혜의 드라마였던 것입니다.

용서가 명령임을 기억하고 순종하는 사람

본문에 의하면 용서는 명령입니다.

> "예수께서 이르시되 네게 이르노니 일곱 번뿐 아니라 일곱 번을 일흔 번까지라도 할지니라"(마 18:22).

용서는 해도 좋고 안 해도 좋은 선택의 문제가 아니라, 명령입니다. 물론 가해자들에 의해 상처 받은 사람들에게 용서는 결코 쉬운 것이 아닙니다. 그래도 용서는 해야 합니다. 그것이 하나님의 명이고, 하나님의 아들이신 주 예수님의 명령이기 때문입니다. 그러므로 우리가 이 명령에 순종하기 위해서는 감정적으로 접근하기보다 의지적으로 접근해야 합니다. 내 감정은 상대를 용서할 수 없지만, 의지적으로 순종을 결심해야 합니다.

우리가 사는 이 시대에 이런 용서를 명령으로 알고 실천한 또 한 편의 드라마가 있다면 네덜란드의 성녀, 《주는 나의 피난처》(생명의말씀사 역간)의 주인공 '코리 텐 붐'(Corrie Ten Boom)의 실천일 것입니다. 유대인들을 숨겨 준 죄목으로 체포된 그녀는 악명 높은 라벤스부르크 나치 수용소에서 온갖 고문과 박해를 받고도 살아남아 제2차 세계대전 종료와 더불어 감옥에서 나오게 됩니다. 전쟁 후 그녀는 화해의 전도자가 되어 독일의 교회를 찾아다니며 복음을 전했습니다. 그러던 중 뮌헨의 한 교회에서 과거 나치 수용소에서 온갖 고문을 일삼으며 자기 언니를 죽음으로 내몰았던 한 수용소 간수와 대면하게 됩니다. 그녀는 이렇게 고백합니다.

"난 그동안 용서를 역설했지만 그가 내 앞에 선 순간 나는 그의 손을 잡을 수가 없었다. 웃을 수도 없었다. 내 안에서 복수심과 분노가 들끓었다. 그러나 이내 이것은 죄라는 것을 상기했다. 예수께서 이 사람을 위해 죽으셨다면 용서는 나의 의무였다. 난 기도했다. 주 예수님, 저를 용서해 주시고 이 사람을 용서할 수 있게 해 주세요. 다음 순간 기적이 일어났다. 그를 용서하는 마음이, 사랑하는 마음이 솟구치고 있었다."

의지적 순종이 진심 어린 감정의 용서로 나타나고 있었던 것입니다. 이런 은혜, 이런 기적이 우리 공동체, 우리 사회에도 일어나기를 기도합니다.

chapter 14

천국 품꾼의
섬김 의식

신실한 종은 품삯이 아닌
주인을 바라본다

왕이 이 지상에 오신 이유는 구원과 섬김이다. 우리는 먼저 그
분을 믿음으로 구원을 받아야 한다. 다음에 할 일은 그분을 따
라서 섬기는 것이다. 이제 이 섬김을 위해 우리는 우리의 일터
인 포도원으로 가야 한다. 너무 늦기 전에….

| 마태복음 20:1-6, 16 |

천국은 마치 품꾼을 얻어 포도원에 들여보내려고 이른 아침에 나간
집주인과 같으니 그가 하루 한 데나리온씩 품꾼들과 약속하여 포도
원에 들여보내고 또 제 삼 시에 나가 보니 장터에 놀고 서 있는 사람
들이 또 있는지라 그들에게 이르되 너희도 포도원에 들어가라 내가
너희에게 상당하게 주리라 하니 그들이 가고 제 육 시와 제 구 시에
또 나가 그와 같이 하고 제 십일 시에도 나가 보니 서 있는 사람들이
또 있는지라 이르되 너희는 어찌하여 종일토록 놀고 여기 서 있느냐
… 이와 같이 나중 된 자로서 먼저 되고 먼저 된 자로서 나중 되리라

복음서에는 예수님이 이 땅에 오신 이유를 설명하는 매우 중요한 두 가지 화두가 기록되어 있습니다. 먼저 누가복음 19장입니다.

"인자가 온 것은 잃어버린 자를 찾아 구원하려 함이니라"(눅 19:10).

인자(사람의 아들은 예수님의 별명)가 이 땅에 오신 첫 번째 이유는 영혼 구원이라는 것입니다. 그러나 또 하나의 이유가 있습니다.

"인자가 온 것은 섬김을 받으려 함이 아니라 도리어 섬기려 하고 자기 목숨을 많은 사람의 대속물로 주려 함이니라"(마 20:28).

이 구절은 본문에 이어지는 사건에서 예수님이 제자들에게 주신 말씀입니다. 그가 이 땅에 오신 또 하나의 이유는 섬김이라는 것입니다. 구원과 섬김이 예수님의 이 땅에서의 모든 사역을 설명하는 두 가지 화두입니다.

본문에 기록된 소위 '포도원 품꾼의 비유'는 섬김의 화두와 연관된 것입니다. 우리의 섬김의 마당인 하나님 나라 포도원에서 언제나 문제가 되는 질문은 '어떻게 섬길 것인가?'라는 것입니다. 왜냐하면 섬기다가 시험받고 섬기다가 갈등하는 일꾼들이 적지 않은 까닭입니다.

"받은 후 집주인을 원망하여 이르되"(마 20:11).

여기 원망한 품꾼들은 포도원에 아침 일찍부터 도착해서 일한 사람들이었습니다. 이른 새벽, 오전 9시(이스라엘 3시는 6시를 더하므로 우리 시각 9시), 정오 12시 전에 도착해서 일한 사람들이었을 것입니다. 오후 3시, 오후 5시에 도착해서 불과 세 시간 혹은 한 시간 남짓 일한 사람들이 온종일 일한 자신들과 같은 품삯을 받자 터져 나온 원망이었습니다. 도대체 이들은 왜 원망하는 것일까요? 이들이 원망 없이 섬김을 실천하기 위해 가져야만 했던 천국 백성의 의식은 무엇일까요?

은혜 의식

은혜 의식의 반대는 무엇입니까? 흥정 의식입니다. 하나님 나라 포도원에는 항상 이 두 가지 다른 의식을 가지고 섬기는 사람들이 있다는 것입니다. 본문에 기록된 포도원 품꾼들의 비유를 예수님이 제자들에게 천국 비유("천국은 마치"[1절])로 말씀하신 동기가 무엇입니까? 그것은 예수님의 수제자인 베드로의 질문에서 비롯됩니다.

"이에 베드로가 대답하여 이르되 보소서 우리가 모든 것을 버리고 주를 따랐사온대 그런즉 우리가 무엇을 얻으리이까"(마 19:27).

이 질문의 밑바탕에 숨겨진 제자 베드로를 지배하는 의식이 무엇입니까? 흥정 의식입니다. 우리가 예수님을 따르기 위해 그물도, 배도 버리고 가족과 친구들과의 즐거운 시간도 희생했으니 우리에게 돌아올 대가는 무엇이냐는 것입니다. 그러나 그들이 망각한 것이 있었습니다. 그것은 포도원에로의 부름이 은혜였다는 사실입니다.

"또 제 삼 시에 나가 보니 장터에 놀고 서 있는 사람들이 또 있는지라"(마 20:3).

여기 그들이 부름 받고 있을 때의 상태나 처지로 성경이 강조하는 단어는 '놀고'입니다. 이 단어가 6절에서 한 번 더 강조됩니다.

"제 십일 시에도 나가 보니 서 있는 사람들이 또 있는지라 이르되 너희는 어찌하여 종일토록 놀고 여기 서 있느냐"(마 20:6).

그들이 포도원 품꾼으로 부름 받지 못했다면 그들은 무의미하게 시간을 죽이며 삶을 낭비해 버릴 사람들이었습니다. 그런데 일꾼으로 불러 주신 것, 그것이 전적인 은혜였다는 사실입니다. 여기서 우리는 은혜의 의미를 다시 한 번 정의할 필요가 있습니다. 그것은 받을 자격이 없는 사람들에게 베풀어지는 호의나 사랑이라는 뜻입니다. 주인은 그들을 일꾼으로 불러야 할 의무가 없었습니다. 단순한 일꾼의 필요 때문이라면 오후 3시나 오후 5시 같은 늦은 시각에 품꾼을 불러 이른 아침부터 일한 사람들과 똑같은 품삯을 지불할 필요는 없었을 것입니다. 그래서 이것을 은혜라고 하는 것입니다.

우리가 받은 구원의 은혜를 다시 한 번 묵상해 봅시다. 우리 중에 누가 구원받을 자격이 있단 말입니까?

"모든 사람이 죄를 범하였으매 하나님의 영광에 이르지 못하더니"(롬 3:23).

이것이 우리의 죄인 된 실존이었습니다.

"기록된 바 의인은 없나니 하나도 없으며 … 다 치우쳐 함께 무익하게 되고 선을 행하는 자는 없나니 하나도 없도다"(롬 3:10, 12).

그런데 이랬던 우리가 예수를 믿고 구원을 선물로 받았습니다.

"너희는 그 은혜에 의하여 믿음으로 말미암아 구원을 받았으니 이것은 너희에게서 난 것이 아니요 하나님의 선물이라"(엡 2:8).

만일 그 은혜가 아니었다면 우리는 지금 에베소서 2장 3절의 말씀에 묘사된 것처럼 본질상 진노의 자녀로 살고 있었을 것입니다. 하나님을 대적하며 그분의 원수로 살고 있었을 것입니다. 지옥을 피할 수 없었을 것입니다. 구원의 은혜 그리고 십자가의 은혜가 아니었다면 우리는 삶의 목적도, 구원의 기쁨도, 영생의 소망도 몰랐을 것입니다. 이 은혜가 처음 온 순간 우리는 이 은혜 하나로 평생을 감사하고 찬양하며 살 것이라고 고백했습니다. 그런데 이런 은혜를 망각하는 순간 우리는 더 채워 주시지 않는다고, 더 배부르게 하시지 않는다고, 나를 더 높이 띄워 주시지 않는다고 또다시 원망하고 불평합니다. 은혜 의식이 우리를 떠났기 때문입니다. 우리는 다시 흥정 의식의 노예가 된 것입니다. 그렇다면 우리가 원망 없이 다시 섬김의 자리에 서기 위해 필요한 의식은 무엇입니까?

동역자 의식

동역자 의식의 반대는 무엇입니까? 경쟁자 의식입니다. 포도원에서 일을 시작한 품꾼들의 원망의 정체를 다시 한 번 살펴보십시오.

> "먼저 온 자들이 와서 더 받을 줄 알았더니 그들도 한 데나리온씩 받은지라"(마 20:10).

누구보다 더 받을 것을 기대했다는 말입니까? 나중 와서 일한 자들 아닙니까? 나중에 와서 일한 자들 때문에 내가 더 받을 수 있는 대접을 못 받았다는 불평 아닙니까? 그들은 나중 온 자들을 포도원의 동역자가 아닌 경쟁자로 의식한 것 아닙니까?

《한국인의 의식구조》(신원문화사)를 쓴 고(故) 이규태 선생은 우리 한국인들이 지상의 어떤 나라 사람들보다 더 민감한 경쟁의식을 갖고 살아가는 이유가 이 좁은 땅에서 일어난 산업화 시대의 치열한 경쟁 때문이었다고 지적합니다. 이런 변질된 한국인상을 그는 '독 속의 게'에 비유했습니다. 독 속의 게들은 다 독 밖으로 기어 나올 능력이 있습니다. 그러나 실제로는 한 마리도 기어 나오지 못합니다. 한 마리의 게가 밖으로 나가려 하면 다른 게가 그 뒷다리를 붙들고 늘어지기 때문입니다. 이런 게들의 인생철학은 한마디로 '너 죽고 나 죽자'입니다.

이 말을 연상할 때마다 저는 군대 시절 이야기가 생각납니다. 제가 영어를 조금 하는 바람에 카투사 미군 부대에서 통역 요원으로 봉사했는데, 어느 날 부대에 드나드는 미군들의 한국 친구 누님 중 한 분이 저에게 오더니 "이 병장님, '너 죽고 나 죽자'를 영어로 뭐라고 해요?" 하고 물었습니다. "글쎄요. 'I should die, You should die. We all die together'라고 해야 하나…" 하고 독백하고 있었더니 "모르면 관둬요" 하고 밖으로 나가서는 자신의 미군 장교 친구 멱살을 붙들고 "You die, me die, 가부시키 die, OK!"라고 하는데, 그럼에도 의미가 잘 통하는 모습을 보면서 그 말을 잊을 수가 없었습니다. 너 죽고 나 죽고

다 죽자. 이렇게 서로를 죽이는 상사(相死)의 철학, 그릇된 경쟁 사회의 의식이 아닙니까? 이제 우리에게 필요한 것은 서로를 동역자로 이해하며 서로를 살려 내는 상생의 의식입니다. 결국 새벽부터 와서 일하는 사람도 오후 늦게 온 사람도 다 한 포도원의 일꾼이라는 동료 의식 말입니다.

초대 교회 중 내부 갈등이 심했던 교회가 고린도교회였습니다. 적어도 바울파, 아볼로파, 베드로파, 그리스도파로 나뉘어 있었습니다. 그런데 바울 사도 자신은 이런 고린도교회를 향해 이렇게 묻습니다.

"그런즉 아볼로는 무엇이며 바울은 무엇이냐 그들은 주께서 각각 주신 대로 너희로 하여금 믿게 한 사역자들이니라 나는 심었고 아볼로는 물을 주었으되 오직 하나님께서 자라나게 하셨나니"(고전 3:5-6).

무슨 말입니까? 바울은 사도적 리더십의 은사로 교회의 기초를 형성했습니다. 그런 기초 위에 말씀의 은사를 가진 아볼로는 탄탄한 교회의 소프트 파워를 만들었습니다. 지도자의 은사는 우월의 문제가 아니라 다 다른 것입니다.

"우리는 하나님의 동역자들이요 너희는 하나님의 밭이요 하나님의 집이니라"(고전 3:9).

지도자들의 은사가 다양하고 추종자도 다르지만, 그들은 경쟁자가 아니라는 것입니다. 동역자인 것입니다. 결국 중요한 것은 하나님 나라요, 그분의 교회입니다. 하나님 나라와 그분의 교회만 세워지면 되는 것입니다. 그러므로 하나님 나라를 위해 일하는 일꾼들에게 가장 중요한 것은, 경쟁자 의식을 버리고 동역자 의식을 갖는 것입니다. 성경의 일꾼관은 win-win 의식이어야 합니다. 그때 우리는 원망을 버리고 즐겁게 동역하는 섬김 의식을 갖게 됩니다.

빚진 자 의식

빚진 자 의식의 반대는 무엇입니까? 공로 의식입니다.

> "먼저 온 자들이 와서 더 받을 줄 알았더니 그들도 한 데나리온씩 받은지라"(마 20:10).

무슨 말씀입니까? 더 오랜 시간을 일했으니 더 많은 품삯을 받아야 마땅하다는 생각, 이것이 바로 공로 의식 아닙니까? 그런데 이 공로 의식을 극복하려면 필요한 것이 무엇입니까? 빚진 자 의식입니다. 나는 갚을 수 없는 은혜에 빚지고 사는 사람이라는 생각 말입니다. 다른 동료들보다 조금 일찍 와서 조금 더 일했지만, 주인에게 받은 은혜를 생각하면 그것은 결코 공로가 될 수 없다는 생각 말입니다. 우리가 인생의 주인 되신 하나님에게 받은 은혜, 지옥에 갈 수밖에 없는 우리의 죄를 용서하시어 천국 백성으로 삼으시고, 우리를 의롭다 하시고, 새 생명 가운데 살게 하시고, 삶의 의미와 목적을 알고 찬양과 감사로 인생을 살게 하신 것, 이것이야말로 갚을 수 없는 은혜가 아닙니까? 그 은혜에 빚진 자 의식이 우리를 지배한다면, 공로 의식의 포로가 되는 일은 결코 없을 것입니다.

부족한 저의 간증을 나누고자 합니다. 저의 도사(전도사) 시절 이야기입니다. 제가 모시던 목사님이 미국 집회를 가셨다가 저에게 전화를 하셨습니다.

"이 전도사, 내가 부산 구덕체육관에서 선명회(현 월드비전)의 스탠 무니햄(Stan Mooneyham) 박사 통역을 해야 하는데 미국에서 일정이 잘못되어 못 나가게 되었으니 자네가 대신 통역을 좀 해야겠네."

상관의 명이기에 부산으로 내려갔습니다. 이미 소식을 전해들은 스태프들은 웅성웅성하고 있었습니다. 대신 연락받고 온 전도사라고 소개하자 한 분이 아래위로 훑어보더니 한숨을 쉬면서 말했습니다.

"할 수 없잖아. 오늘 하루 우선 시켜 보자고."

사역을 시작한 이래 가장 큰 집회에 설교 통역자로 선 저는 벌벌 떨며 주의 은혜를 구하고 통역을 시작했습니다. 그런데 통역이 너무 잘되었습니다. 사람들이 은혜 받는 모습이 눈에 들어왔습니다. 집회가 끝났음에도 은혜에 잠긴 사람들은 흩어질 줄을 모르고 앉아 있었습니다. 그 자리엔 선명회 총재였던 고(故) 한경직 목사님도 와 계셨는데, 집회가 끝나자마자 저를 안으시고는 "전도사님, 수고했수다. 한국 교회 인재 났수다" 하며 말씀해 주셨습니다. 저도 그렇게 생각했습니다. 부산의 목사님들, 장로님들, 권사님들, 집회 준비하던 분들이 다 몰려 와서 눈물을 흘리며 은혜 받았다고, 어떤 분은 목소리까지 은혜롭다고, 악수하면서는 손도 곱다고 칭찬을 해 주셨습니다. 말 그대로 스타 탄생의 밤이었습니다.

그날 호텔로 돌아온 저는 잠을 이룰 수 없었습니다. 그날 밤에 한 생각이라고는 오직 '내일은 더 잘해야지, 더 큰 칭찬을 받아야지'였습니다. 그런데 다음 날 저녁, 강단에서 5분이 지나자 목소리가 잠겼습니다. 할 수 없이 다른 분에게 통역을 맡기고 호텔로 돌아온 저는 잠을 이룰 수 없었습니다. 그런데 조용히 들리는 음성이 있었습니다.

"그 목소리, 네 거야? 통역할 수 있는 능력, 네 거야? 내 것을 가지고 일하면서 넌 네 자랑에만 매달려 있구나."

그날 밤 회개의 눈물로 침대를 적신 저에게 주신 말씀이 있었습니다.

"여호와여 영광을 우리에게 돌리지 마옵소서 우리에게 돌리지 마옵소서 오직 주는 인자하시고 진실하시므로 주의 이름에만 영광을 돌리소서"(시 115:1).

그 밝아 오는 새벽하늘을 바라보며 부른 찬송이 있습니다. 새찬송가

323장 〈부름 받아 나선 이 몸〉입니다.

존귀 영광 모든 권세 주님 홀로 받으소서
멸시천대 십자가는 제가 지고 가오리다
이름 없이 빛도 없이 감사하며 섬기리다
이름 없이 빛도 없이 감사하며 섬기리다

우리는 모두 그 은혜, 그 영광에 빚진 자임을 잊지 말고 한평생 원망
없이, 불평 없이 섬기는 자가 되어야 할 것입니다.

chapter 15

천국 백성의
열매

꽃피는 삶보다 열매 맺는
삶을 소망하라

우리의 왕은 열매 없는 무화과나무를 저주하셨다. 철학자 버
트런드 러셀(Bertrand Russell)은 이 사건을 들어 예수의 가르침
의 비합리성을 말하고 있다. 과연 그럴까? 이 사건은 비유이며
기적이었다. 무화과나무는 이스라엘의 그림이고, 오늘 우리의
그림이다.

| 마태복음 21:18-22 |

이른 아침에 성으로 들어오실 때에 시장하신지라 길가에서 한 무화과나무를 보시고 그리로 가사 잎사귀밖에 아무것도 찾지 못하시고 나무에게 이르시되 이제부터 영원토록 네가 열매를 맺지 못하리라 하시니 무화과나무가 곧 마른지라 제자들이 보고 이상히 여겨 이르되 무화과나무가 어찌하여 곧 말랐나이까 예수께서 대답하여 이르시되 내가 진실로 너희에게 이르노니 만일 너희가 믿음이 있고 의심하지 아니하면 이 무화과나무에게 된 이런 일만 할 뿐 아니라 이 산더러 들려 바다에 던져지라 하여도 될 것이요 너희가 기도할 때에 무엇이든지 믿고 구하는 것은 다 받으리라 하시니라

우리는 지금 마태복음을 통해 주님이 가르치신 천국에 대한 비유들을 연구하는 중입니다. 그런데 본문에 나타난 무화과나무의 저주 사건은 일반적으로 비유가 아닌 예수님의 기적의 장르에 속하는 것으로 분류됩니다. 그러나 저는 예수님이 이 무화과나무의 저주를 통해 이스라엘 백성과 주님의 제자들에게 가르치고자 하는 내용을 비유적으로 교훈하셨다고 생각합니다. 즉 기적이자 동시에 비유인 것입니다. 이것이 천국 비유의 시리즈로 이 사건을 포함시킨 이유입니다.

무화과는 약속의 땅에서 주의 백성을 위해 주님이 예비하신 특별한 축복의 열매였습니다. 일반적으로 무화과나무는 3월이 되면 식용 싹이 돋아나고 4월이 되면 크고 푸른 잎사귀가 돋아납니다. 그러다가 5월이 되면 정상적인 무화과 열매가 열립니다. 그런데 본문의 사건은 4월에 일어났습니다. 무화과나무에 푸른 잎이 무성하다는 것은 먹을 수 있는 싹이 있다는 것을 의미했습니다. 그런데 이 나무는 잎은 무성했지만 먹을 싹이 없었던 것입니다. 싹이 없다는 것은 그해에 그 나무가 열매를 맺지 못할 것이라는 사인이었습니다. 외관상으로 무성해 보였지만 열매를 맺을 수 없었던 이 나무야말로 당시 하나님의 백성을 대표하는 이스라엘의 모습이요, 심지어는 예수님을 따르는 제자들의 정체였던 것입니다.

사실 무화과나무는 심은 지 3년이면 열매를 맺을 수 있어야 했습니다. 예수님이 당신의 제자들을 만나 가르침을 시작하신 지도 3년이 가까워 오고 있었습니다. 그렇다면 예수님이 당신의 제자들, 천국 제자들에게 기대하신 것은 무엇이었을까요? 열매였습니다. 그렇다면 그분이 천국 백성 된 제자들에게 기대하신 열매는 무엇이었을까요?

삶의 열매

무화과나무는 성경에서 이스라엘 민족을 상징하는 나무로 자주 등장합니다. 때로 포도나무도 이스라엘 민족의 상징으로 등장하지만, 무화과나무가 더 자주 그런 상징으로 사용됩니다. 그런데 이 무화과나무가 지금 어떤 처지에 있습니까? 잎은 있는데 열매가 없습니다.

> "길가에서 한 무화과나무를 보시고 그리로 가사 잎사귀밖에 아무것도 찾지 못하시고 나무에게 이르시되 이제부터 영원토록 네가 열매를 맺지 못하리라 하시니 무화과나무가 곧 마른지라"(마 21:19).

잎사귀만 무성하고 열매가 없는 나무, 이것이 당시 하나님의 선민이었던 이스라엘의 모습이요, 특히 이스라엘 종교의 모습이었습니다. 그들에게는 여전히 성전이 중요했습니다. 성전의 여러 의식들은 빠짐없이 지켜지고 있었지만, 그들의 마음과 삶은 하나님에게서 멀어지고 있었습니다.

홍미로운 것은, 마태가 무화과나무 저주의 사건 바로 직전에 성전 정화의 사건을 기록했다는 것입니다(마 21:12-17). 당시 사람들이 성전에 와서 제사를 드리기 위해서는 제물이 필요했는데, 그 제물을 사고파는 과정에서 흠 없는 제물을 사도록 권고하며 제사장과 상인들이 결탁해 막대한 이익을 취하고 있었습니다. 또한 외국에서 온 유대인들은 헌금을 할 때 환전이 필요했는데(그래서 예루살렘 성전 이방인의 뜰에는 환전소가 있었습니다), 그 환전의 과정에서 다시 제사장들과 상인들이 폭리를 취하고 있었습니다. 그러니까 당시의 제사장들은 제사라는 종교적 임무를 수행하면서도 그들의 머리를 지배하는 생각은 돈이요, 금전적 이익이었던 것입니다. 그렇다면 우리는 어떻습니까? 주일이면 어김없이 교회에 나와 예배를 드리지만, 우리의 가장 중요한 관심은 무엇입니까? 과연 삶으로 하나님에게 영광을 돌리고 그분의 뜻을 따라 거룩하게 사는 일에 관심을 가진 성도들은 얼마나 되겠습니까?

무화과나무는 별로 폼이 없습니다. 땔감이나 재목, 장식용으로도 잘 사용하지 않습니다. 심지어 꽃도 피지 않습니다. 무화과나무는 오직 한 가지 목적으로만 존재합니다. 바로 열매입니다. 우리 그리스도인들이 이 세상에 존재하는 목적도 오직 하나입니다. 꽃처럼 멋있게 폼 잡기 위해서가 아니라, 열매를 맺기 위해서입니다. 삶의 열매 말입니다. 그것이 바로 요한복음 15장 16절의 교훈이 아닙니까?

"너희가 나를 택한 것이 아니요 내가 너희를 택하여 세웠나니 이는 너희로 가서 열매를 맺게 하고 또 너희 열매가 항상 있게 하여 내 이름으로 아버지께 무엇을 구하든지 다 받게 하려 함이라."

요한복음 15장에서의 열매는 구체적으로 무엇을 의미했습니까? 첫째는 사랑이요("나의 사랑 안에 거하라"[9절]), 둘째는 기쁨입니다("내 기쁨이 너희 안에 있어 너희 기쁨을 충만하게 하려 함이라"[11절]). 사랑하고 기뻐하며 하나님의 백성답게 아름답게 사는 삶의 열매, 그것들을 기대하신 것입니다. 그래서 산상수훈에서도 주님은 이렇게 말씀하셨습니다.

"아름다운 열매를 맺지 아니하는 나무마다 찍혀 불에 던져지느니라 이러므로 그들의 열매로 그들을 알리라 나더러 주여 주여 하는 자마다 다 천국에 들어갈 것이 아니요 다만 하늘에 계신 내 아버지의 뜻대로 행하는 자라야 들어가리라"(마 7:19-21).

'주여 주여'가 우리의 신앙의 표현, 곧 무화과나무 잎사귀 같은 것이라면, 뜻대로 행하는 삶은 무화과나무의 열매 같은 것입니다. 그렇습니다. 주님이 천국 백성에게 기대하신 첫 번째 열매는 삶의 열매입니다.

믿음의 열매

> "제자들이 보고 이상히 여겨 이르되 무화과나무가 어찌하여 곧 말랐
> 나이까 예수께서 대답하여 이르시되 내가 진실로 너희에게 이르노
> 니 만일 너희가 믿음이 있고 의심하지 아니하면 이 무화과나무에게
> 된 이런 일만 할 뿐 아니라 이 산더러 들려 바다에 던져지라 하여도
> 될 것이요"(마 21:20-21).

이 무화과나무 저주 사건을 통해서 예수님이 제자들에게 기대하신
또 한 가지는 믿음의 성숙 또는 믿음의 열매에 대한 기대였다고 할 수
있습니다. "너희가 믿음이 있고 의심하지 아니하면"이라고 말씀하실
때 이 믿음의 대상은 무엇입니까? 우선적으로 그것은 주님의 말씀입니
다. 주님이 열매 없는 무화과나무를 저주하시니 말씀하신 그대로 말라
버린 것입니다. 이런 주님의 말씀의 능력을 제자들이 신뢰하고 살 것
을 기대하신 것입니다. 복음적인 그리스도인들의 믿음의 대상은 언제
나 변함없이 주님의 말씀이었습니다.

> "그러므로 믿음은 들음에서 나며 들음은 그리스도의 말씀으로 말미
> 암았느니라"(롬 10:17).

그러나 말씀에 대한 신뢰는 언제나 그것을 말씀하신 분에 대한 신뢰

를 전제하는 것입니다. 도대체 이 무화과나무를 말씀 한마디로 마르게 하신 분, 그분은 누구란 말입니까? 그분은 바로 이 나무를 만들고 다스리시는 분, 곧 창조자요, 섭리자이십니다. 더 나아가 그분은 또한 구원과 심판의 주님이심을 제자들이 알게 될 것을 기대하신 것입니다. 나무를 만드신 분이 나무를 마르게도 할 수 있고 또 새롭게도 할 수 있는 분임을 교훈하신 것입니다. 민족적인 적용을 하자면 이스라엘을 선민으로 부르고 존재하게 하신 분, 그분이 또한 이스라엘을 심판할 분이심을 깨우치게 하려 하신 것입니다.

중요한 것은, 이스라엘이 이런 하나님을 알고 날마다의 삶의 마당에서 그분을 신뢰하고 있느냐는 것입니다. 믿음의 성숙은 곧 믿음의 대상이신 분을 알아 가는 과정이 아닙니까? 그것은 마치 부부 관계의 성숙과 같은 것입니다. 이 성숙의 과정은 결국 부부가 서로를 깊이 알아 가고 신뢰해 가는 과정이라 할 수 있습니다. 그리고 이런 신뢰의 중요한 한 테스트는 내가 신뢰하는 이의 말씀을 또한 믿고 따르고 있느냐는 것입니다.

어떻습니까? 오늘 당신은 믿음의 열매를 맺고 있습니까? 예수 그리스도의 창조자 되심, 섭리자 되심, 구원자요, 심판자 되심을 믿으며 날마다 그분의 말씀에 귀를 기울이며 살고 있습니까? 그것이 바로 믿음의 열매인 것입니다.

기도 응답의 열매

주님이 천국 백성 된 우리에게 기대하신 마지막 열매는 무엇일까요? 바로 기도 응답의 열매입니다.

> "너희가 기도할 때에 무엇이든지 믿고 구하는 것은 다 받으리라 하시니라"(마 21:22).

이 말씀은 요한복음 15장의 교훈과도 전적으로 일치합니다. 포도나무이신 주님에게 가지 된 우리가 연합되어 있을 때 맺어야 할 열매를 가르치는 이 장에서 주님이 거듭 강조하신 교훈이 무엇이었습니까?

> "너희가 내 안에 거하고 내 말이 너희 안에 거하면 무엇이든지 원하는 대로 구하라 그리하면 이루리라"(요 15:7).

이것은 본문의 교훈과도 그대로 일치하지 않습니까? 예수님은 무화과나무 저주 사건을 통해 당신의 말씀의 능력과 권위를 먼저 보여 주신 다음 말씀을 신뢰하도록 가르치셨습니다. 그리고 이제 기도를 가르치시는 것입니다. 그리고 기도 응답의 언약을 확인해 주십니다. 무엇이든 믿고 구한 것은 받으리라고 말입니다.

기도 응답을 말하면 제일 먼저 떠오르는 역사적 인물이 있습니다. 영국 브리스톨의 조지 뮬러입니다. 5만 번의 기도 응답을 받은 사람으로 기억되는 분입니다. 그의 저널에 기록한 기도 응답이 그랬다는 것입니다. 그중에 3만 번은 같은 날이거나 기도 직후에 응답된 것이라고 합니다. 매년 5백 번의 응답을 60년간 경험했다고 합니다. 하루 한 번 이상 기도의 응답이 있었다는 말입니다.

이것은 아주 특수한 기도 또는 믿음의 은사가 있는 사람에게나 가능한 기적이라는 말을 뮬러 자신은 부인합니다. 그는 자신이 경험한 응답이 누구에게나 가능하다고 말합니다. 그러면서 그는 약속의 말씀을 먼저 읽고 기도할 것을 권면했습니다. 자신도 처음에는 기도 자체로 기도 시간을 시작했는데 기도하는 마음이 되기까지 너무 많은 시간이 소요되고 무엇을 기도할 것인가로 마음이 방황했다고 합니다. 그런데 어느 때부턴가 성경의 약속의 말씀을 먼저 읽고 그 말씀으로 하나님과 대화하기 시작하면서 그분의 임재를 더욱 생생하게 느끼며 기도하게 되었다고 고백합니다.

무엇보다 그는 말씀이 지적하는 죄를 버리기로 응답하며 기도해야 한다고 가르쳤습니다. 그가 늘 자신에게 상기시킨 말씀이 있습니다.

"내가 나의 마음에 죄악을 품었더라면 주께서 듣지 아니하시리라"(시 66:18).

조지 뮬러의 기도 응답의 가장 보편적인 장은 그의 고아원 사역을 통해서였습니다. 300명에서 시작해서 많을 때는 2천 명, 평생을 통해

1만 명 이상의 고아들을 양육하면서 그는 한 번도 사람들의 도움을 청해 본 일이 없었습니다. 그가 고아 사역을 시작한 동기 자체가 하나님은 우리의 일상을 통해 우리의 필요를 구하는 기도에 신실하게 응답하시는 분임을 증거하고 싶어서였다고 말합니다. 영국 브리스톨의 그의 검소한 묘소에 가면 이런 말이 기록되어 있습니다.

"그는 '불가능이 없으신' 하나님을 신뢰했다. 그는 '내가 아버지께로 감이라 너희가 내 이름으로 무엇을 구하든지 내가 행하리니 이는 아버지로 하여금 아들로 말미암아 영광을 받으시게 하려 함이라'라는 사랑스런 주 예수 그리스도의 말씀을 믿었다. 하나님은 당신의 종의 경험을 통해 이 약속을 이루셨으며, 만 명이 넘는 고아들을 돌보고 필요를 공급하셨다."

어느 날 저녁, 고아원에 양식이 떨어졌다는 보고를 받은 뮬러는 이튿날 아침 모두 평소처럼 식당 자리에서 대기하라고 말하고는 일어나 기도합니다.

"오늘도 우리에게 일용할 양식을 공급하시는 주님께 감사하며 그분을 찬양합니다."

그의 기도가 끝나자마자 누군가가 고아원 문을 두드립니다. 동네 빵 가게 주인인데, 밤잠을 이루지 못하고 뒤척이다가 아무래도 고아원에 빵이 필요한 것 같아 새벽 2시부터 일어나 빵을 만들어 왔다고 합니다. 그가 떠나자 누군가가 다시 문을 두드립니다. 우유 가게 사장이 카트를 끌고 고아원 앞을 지나다 경미한 사고를 일으켰는데, 아무래도 우유가 상할 것 같아 기증을 하러 왔다고 합니다. 할렐루야! 신실한 기도 응답의 열매로 채우시는 주님을 찬양합시다!

chapter 16

천국 포도원의
둘째 아들

**지속적인 순종이
천국을 향한 길잡이가 된다**

'두 아들의 비유'로 불리는 이 사건에서 큰아들은 아버지의 명을
따르겠다고 하고 이행하지 않았고, 둘째 아들은 안 하겠다고 했
으나 후일 뉘우치고 순종했다. 예수님은 이 비유로 당시의 기
득권자들을 큰아들에, 소외자들을 둘째 아들에 비유하셨다. 문
제는 오늘의 우리다. 우리는 누구인가?

그러나 너희 생각에는 어떠하냐 어떤 사람에게 두 아들이 있는데 맏아들에게 가서 이르되 얘 오늘 포도원에 가서 일하라 하니 대답하여 이르되 아버지 가겠나이다 하더니 가지 아니하고 둘째 아들에게 가서 또 그와 같이 말하니 대답하여 이르되 싫소이다 하였다가 그 후에 뉘우치고 갔으니 그 둘 중의 누가 아버지의 뜻대로 하였느냐 이르되 둘째 아들이니이다 예수께서 그들에게 이르시되 내가 진실로 너희에게 이르노니 세리들과 창녀들이 너희보다 먼저 하나님의 나라에 들어가리라 요한이 의의 도로 너희에게 왔거늘 너희는 그를 믿지 아니하였으되 세리와 창녀는 믿었으며 너희는 이것을 보고도 끝내 뉘우쳐 믿지 아니하였도다

본문은 흔히 '두 아들의 비유'라고 불립니다. 포도원에 가서 일하라는 아버지의 말에 맏아들은 가겠다고 대답하고 실제로는 가지 않은 반면, 둘째 아들은 안 가겠다고 대답했지만 종국에는 뉘우치고 일하러 갔다는 이야기입니다. 두 아들을 길러 본 사람이라면 알겠지만, 맏아들에겐 대체로 순종적인 특성이 있습니다. 반면에 둘째 아들에겐 맏아들이 되지 못한 한풀이로 반항적인 성격이 있어 부모의 말을 일단 거역하는 특성이 있습니다. 거역 자체가 부모의 관심을 끌기 위한 행동인 것입니다. 예수님도 이런 두 아들의 성격을 정확하게 알고 이 비유를 말씀하신 것으로 보입니다. 그런데 이야기 후에 주님은 "그 둘 중의 누가 아버지의 뜻대로 하였느냐"(마 21:31)라고 물으십니다. 누가 옳은 행동을 했느냐는 질문이 아니라, 둘 중에 누가 더 아버지의 마음에 들게 행동했느냐는 것입니다.

사실 본문의 두 아들 다 아버지의 마음을 아프게 했습니다. 맏아들은 자신의 대답을 실행에 옮기지 않은 것으로 아프게 했고, 둘째 아들은 처음부터 아버지의 말씀을 거역함으로 아버지의 마음을 아프게 했습니다. 가장 좋은 선택은 처음부터 가겠다고 대답하고 대답한 그대로 순종해 포도원에 가서 일하는 것입니다. 그러나 어차피 둘 다 잘못한 것이라면 그중에 더 나은 선택은 무엇이냐는 것입니다. 이것은 누구에게 물으신 것입니까?

> "예수께서 성전에 들어가 가르치실새 대제사장들과 백성의 장로들이
> 나아와 이르되 네가 무슨 권위로 이런 일(무화과나무 저주 사건)을 하느
> 냐 또 누가 이 권위를 주었느냐"(마 21:23).

예수님은 당시 유대인 지도자들의 질문에 답하기 위해 이 두 아들
의 비유를 말씀하신 것입니다. 이제 본문 31절에서 예수님의 질문과
유대인 지도자들의 대답 그리고 다시 주시는 예수님의 말씀을 읽어 보
십시오.

> "그 둘 중의 누가 아버지의 뜻대로 하였느냐 이르되 둘째 아들이니이
> 다(지도자들은 바른 대답을 했습니다) 예수께서 그들에게 이르시되 내가 진
> 실로 너희에게 이르노니 세리들과 창녀들이 너희보다 먼저 하나님의
> 나라에 들어가리라"(마 21:31).

이 말씀으로 본문의 두 아들이 각각 누구를 의미했는지가 분명해
지지 않았습니까? 맏아들은 당시의 유대 지도자들이고, 둘째 아들은
세리와 창녀 같은 당시의 소외 계층에 속한 사람들이었습니다. 그
렇다면 이 두 아들의 비유가 오늘의 우리에게 주는 가르침은 무엇
입니까?

아버지의 뜻대로 살지 못한 것을 회개하라

예수님 당시의 유대 지도자들이 하지 못한 것은 무엇입니까? 아버지의 뜻대로 살지 못한 자신들의 삶에 대한 회개가 없었다는 것입니다. 이 회개를 위해 예수님보다 앞서 보내 주신 선지자가 세례(침례) 요한이었습니다. 그가 외친 메시지의 핵심이 무엇입니까?

"회개하라 천국이 가까이 왔느니라"(마 3:2).

"그러므로 회개에 합당한 열매를 맺고"(마 3:8).

"나는 너희로 회개하게 하기 위하여 물로 세례(침례)를 베풀거니와 내 뒤에 오시는 이는 나보다 능력이 많으시니 나는 그의 신을 들기도 감당하지 못하겠노라 그는 성령과 불로 너희에게 세례(침례)를 베푸실 것이요"(마 3:11).

이 말씀이 본문에서 예수님에 의해 확인되고 있는 것입니다.

"요한이 의의 도로 너희에게 왔거늘 너희는 그를 믿지 아니하였으되 세리와 창녀는 믿었으며 너희는 이것을 보고도 끝내 뉘우쳐 믿지 아니하였도다"(마 21:32).

여기서 가장 중요한 강조는 '뉘우치지 않았다'는 것입니다. 그런데 둘째 아들로 묘사된 세리와 창녀는 달랐다는 것입니다.

"둘째 아들에게 가서 또 그와 같이 말하니 대답하여 이르되 싫소이다 하였다가 그 후에 뉘우치고 갔으니"(마 21:30).

여기 맏아들과 둘째 아들의 결정적 차이가 무엇입니까? 뉘우침이 있었느냐, 없었느냐는 것입니다. '뉘우치다'라는 말은 희랍어로 '메타멜로마이'(metamelomai, meta+melomai)라 하는데, 이는 '자신의 생각, 마음, 행동을 바꾸다'라는 뜻입니다. 온전한 회개는 자신의 관점과 생각뿐 아니라, 행동까지 바꾸는 것입니다.

본문에서 유대 지도자들의 회개가 어려웠던 이유, 반대로 세리와 창녀의 회개가 용이했던 이유는 무엇이겠습니까? '자기 의'의 문제입니다. 유대 지도자들은 외관상으로는 악한 행동을 하지 않고 도덕적으로 살았기 때문에 자신들은 의롭다고 생각했습니다. 세리처럼 세금을 착복하지도 않았고, 창녀처럼 성적 대상을 바꾸어 가며 돈을 벌지도 않았기 때문입니다. 오늘날도 적당하게 괜찮은 인생을 산 사람들이 실은 회개가 어렵습니다. '나는 뭐 그리 악한 행동을 한 적이 없는데'라고 생각하기 때문입니다. 이들이 들어야 할 이사야 선지자의 말씀을 보십시오.

"무릇 우리는 다 부정한 자 같아서 우리의 의는 다 더러운 옷 같으며 우리는 다 잎사귀같이 시들므로 우리의 죄악이 바람같이 우리를 몰아가나이다"(사 64:6).

여기 우리의 의, 인간이 자랑하는 자기 의가 더러운 옷과 같다고 한 말씀을 주목해 보십시오. 어떤 번역자는 이 '더러운 옷'을 '더러운 걸레'라고 표현하기도 했습니다. 인간이 자랑하는 의가 하나님 앞에서는 더러운 걸레에 지나지 않는다는 것입니다. 그래서 소위 사회적 훈장이 있는 사람들은 성령의 특별한 임하심이 없으면 회개하기가 어렵습니다. 반대로 세리나 창녀들은 이미 사회에서 손가락질을 당하고 있었기에 죄인 됨을 인정하고 뉘우치기가 어렵지 않았을 것입니다.

중요한 것은, 아버지의 뜻대로 살아오지 못한 삶을 뉘우치고 돌이켜야 합니다. 그것이 회개입니다. 옛 찬송가의 가사처럼 "천부여 의지 없어서 손들고 옵니다"(새찬송가 280장, 〈천부여 의지 없어서〉) 하며 두 손들고 항복하고 죄의 자리를 떠나야 합니다.

아버지의 뜻을 따라 주님이신 예수님에게로 나아오라

회개란 단순히 과거의 죄에서 떠나는 것만을 의미하지 않습니다. 예수님에게로 와서 그분의 주권에 복종하는 삶을 사는 것을 뜻합니다. 본문 30절을 보면 둘째 아들이 "뉘우치고 갔으니"라고 되어 있는데, 원문에는 '내가 주께로'(ego kurie)라는 단어가 들어 있습니다. 회개하며 주님에게로 와야 하는 것입니다. 찬송가 〈내 주의 보혈은〉(새찬송가 254장)의 가사처럼 "내가 주께로 지금 가오니 십자가의 보혈로 날 씻어 주소서" 해야 하는 것입니다. 구주로 오신 예수님만이 우리 죄를 씻으시고 우리를 의롭다 하실 인생의 새로운 주님이시기 때문입니다.

계속해서 3절과 4절의 가사를 보십시오. "날 오라 하심은 온전한 믿음과 또 사랑함과 평안함 다 주려 함이라 내가 주께로 지금 가오니." "큰 죄인 복 받아 살길을 얻었네 한없이 넓고 큰 은혜 베풀어 주소서 내가 주께로 지금 가오니." 회개는 단순한 죄로부터의 돌이킴만이 아닌 새 삶을 향한 그리고 새 삶의 주인이신 주님을 향한 나아감입니다. 그런 의미에서 회개는 처음 믿을 때만 필요한 것이 아니라, 믿음의 자리에 오래 있었던 사람들, 지금 주님과의 교제가 돈독하지 못한 기존 신자들에게도 필요한 것입니다. 그런 의미에서 단회적 회개를 가르치는 것은 성경적이 아닙니다. 회개는 지속적으로 필요한 것입니다.

그렇습니다. 마음과 생각이 주님에게서 멀어진 신자들에게도 회개는 필요합니다. 예수님은 대제사장과 유대의 리더들에게도 회개가 필요한 것을 보고 이 말씀을 주신 것입니다.

18세기 영국에 한 시인이 살았습니다. 그는 처음 예수님을 믿고 너무 좋아 아름다운 성시를 쓰기도 했습니다. 그러나 어느 날 시험에 든 그는 다시 믿음을 떠나 방황하다가 프랑스 파리에 가서 살게 되었습니다. 그렇게 방탕한 삶으로 행복을 느끼지 못하고 있던 어느 저녁에 마차를 타게 되었는데, 한 부인이 영어 시집을 꺼내 읽고 있었습니다.

"무슨 시를 읽으시나요?"

말을 건 그에게 그녀는 "제가 좋아하는 시의 한 문단을 읽어 볼까요?" 하고는 읽고 있던 시를 읊어 주었습니다.

"복의 근원 강림하사 찬송하게 하소서/ 한량없이 자비하심 측량할 길 없도다/ 천사들의 찬송가로 나를 가르치소서."

그는 여기까지 듣고는 갑자기 눈물을 흘리더니 "그 시는 제가 쓴 것입니다. 그런데 사실 저는 그동안 주님을 멀리하고 있었습니다" 하고 말했습니다. 그러자 부인은 이렇게 말했습니다.

"여기 당신이 쓴 시의 다음 대목을 보세요. '구속하신 그 사랑을 항상 찬송합니다'(이 시의 영어 원문은 "Streams of mercy never failing, never ceasing"[자비의 강물은 끊임없이 흐르네]입니다). 주님의 자비의 강물은 오늘 밤 여기 파리에서도 흐르고 있잖아요!"

그는 그날 밤 주님 앞에 다시 돌아와 엎드려 회개하고 좋은 목사가 되어 주님을 섬기게 되었습니다. 그가 바로 이 찬송시를 지은 로버트 로빈슨(Robert Robinson)입니다. 당신에게도 이런 회개가 필요한 것은 아닌지요?

아버지의 뜻에 순종하는 삶을 지속적으로 드리라

본문의 첫 구절을 다시 읽어 보십시오.

> "그러나 너희 생각에는 어떠하냐 어떤 사람에게 두 아들이 있는데 맏
> 아들에게 가서 이르되 얘 오늘 포도원에 가서 일하라 하니"(마 21:28).

순종하는 아들에게 아버지가 기대한 것은 단회적 순종이 아닌 포도
원에 가서 계속적으로 일하는 것이 아니었겠습니까? 하나님의 자녀들
에게 아버지의 뜻을 지속적으로 따르는 것보다 더 중요한 것이 어디
있겠습니까? 하나님의 아들 예수님의 모본을 생각해 보십시오.

> "그 후에 말씀하시기를 보시옵소서 내가 하나님의 뜻을 행하러 왔나
> 이다 하셨으니 그 첫째 것(율법)을 폐하심은 둘째 것(복음의 새 언약)을
> 세우려 하심이라"(히 10:9).

그리고 요한복음 4장 34절에서 주님이 친히 하신 말씀을 보십시오.

> "예수께서 이르시되 나의 양식은 나를 보내신 이의 뜻을 행하며 그의
> 일을 온전히 이루는 이것이니라"(요 4:34).

주님이 우리를 당신의 포도원 일꾼으로 부르신 이유는, 우리의 삶

이 다하도록 이 포도원의 주인 되신 아버지의 뜻을 받들어 이제는 그를 믿을 뿐 아니라, 그를 지속적으로 섬기게 하기 위함입니다. 언제까지입니까? 우리 주님처럼 마지막 삶의 고백을 드릴 때까지입니다.

> "아버지께서 내게 하라고 주신 일을 내가 이루어 아버지를 이 세상에서 영화롭게 하였사오니"(요 17:4).

우리 믿음의 선배들은 아버지의 뜻, 곧 하나님의 뜻을 따라 살기 위해 삶의 어떤 고난도 두려워하지 않고 때로는 순교의 길도 기쁨으로 걸었습니다. 초대 교회의 리더였던 사도 베드로에 의해 기록된 말씀을 보십시오.

> "선을 행함으로 고난 받는 것이 하나님의 뜻일진대 악을 행함으로 고난 받는 것보다 나으니라"(벧전 3:17).

베드로전서 4장 3절에서는 이렇게 고백합니다.

> "너희가 음란과 정욕과 술 취함과 방탕과 향락과 무법한 우상 숭배를 하여 이방인의 뜻을 따라 행한 것은 지나간 때로 족하도다."

그리고 다시 베드로전서 4장 19절에서는 이렇게 말합니다.

"그러므로 하나님의 뜻대로 고난을 받는 자들은 또한 선을 행하는 가운데에 그 영혼을 미쁘신 창조주께 의탁할지어다."

하늘 아버지의 뜻을 이루고자 문자 그대로 하나님의 뜻을 따라 그렇게 살다 간 한 가족이 우리 세대에 남긴 아름다운 간증과 노래를 소개하고 싶습니다.

지금으로부터 약 120년 전, 영국 웨일스에 큰 영적 부흥이 있었습니다. 그 결과로 영국과 미국, 유럽에서 많은 선교사들이 복음을 들고 전 세계로 나아갔습니다. 한국 선교와 평양 대부흥도 웨일스 부흥의 영향을 받은 선교사들의 순종의 결과로 일어난 것입니다. 그때 일단의 선교사들이 인도 북부로 떠났습니다. 당시에 그 지역은 여러 주로 나뉘지 않고 아쌈(Assam) 지역으로 불리고 있었습니다. 이 지역은 물론 다시 여러 부족으로 나뉘어 있었는데, 어떤 부족은 아주 원시적이고 공격적이었습니다. 남자들의 리더십은 자신이 죽인 다른 남자의 머리를 자기 집 앞에 얼마나 많이 매달아 놓느냐로 과시되고 있었습니다.

이런 지역에 목숨을 걸고 들어가 복음을 전한 한 웨일스 선교사의 헌신으로 이 부족의 한 남자와 아내, 두 자녀가 예수를 믿게 되었습니다. 부족 추장은 이 가족을 마을 광장에 데리고 와서 포박하고 화살을 두 자녀와 아내에게 겨눈 뒤 예수를 부인하고 신앙을 버리면 살려 주겠다고 소리쳤습니다. 그때 뜻밖에 이 남자의 입에서 찬송이 흘러나왔습니다. 그날 그의 노래는 전 세계에 전해지게 되었습니다.

주님 뜻대로 살기로 했네
뒤돌아서지 않겠네
세상 등지고 십자가 보네
뒤돌아서지 않겠네

두 자녀가, 다음으로 아내가, 다음으로 자신이 죽게 되었지만, 그는 마지막 순간까지 인도 민속 가락에 맞춘 이 노래를 불렀다고 합니다. 그리고 이 가족의 담대한 순교는 추장과 부족 전체를 마침내 회개시켰다고 합니다. 천국 백성인 우리 또한 이렇게 아버지의 뜻을 따라 살아야 하지 않겠습니까?

chapter 17

천국에서
존대 받으실 아들

삶으로 예수 그리스도의
십자가를 증명하라

복음 드라마의 극치는 왕의 아들의 죽음이다. 그분은 버림받으시고, 쫓겨나시고, 거절당하셨다. 그러나 동시에 그 죽음 때문에 그는 이 세상 누구보다 존대함을 받을 왕자가 되셨다. 문제는, 우리가 어떻게 지금 그를 존대할 것인가이다. 우리의 신앙고백으로? 우리의 순교적 증언으로?

다른 한 비유를 들으라 한 집 주인이 포도원을 만들어 산울타리로 두르고 거기에 즙 짜는 틀을 만들고 망대를 짓고 농부들에게 세로 주고 타국에 갔더니 열매 거둘 때가 가까우매 그 열매를 받으려고 자기 종들을 농부들에게 보내니 농부들이 종들을 잡아 하나는 심히 때리고 하나는 죽이고 하나는 돌로 쳤거늘 다시 다른 종들을 처음보다 많이 보내니 그들에게도 그렇게 하였는지라 후에 자기 아들을 보내며 이르되 그들이 내 아들은 존대하리라 하였더니 농부들이 그 아들을 보고 서로 말하되 이는 상속자니 자 죽이고 그의 유산을 차지하자 하고 이에 잡아 포도원 밖에 내쫓아 죽였느니라 ⋯ 대제사장들과 바리새인들이 예수의 비유를 듣고 자기들을 가리켜 말씀하심인 줄 알고 잡고자 하나 무리를 무서워하니 이는 그들이 예수를 선지자로 앎이었더라

세상에는 많은 종교가 있지만 소위 유일신교는 세 개의 종교밖에 없습니다. 유대교, 이슬람교 그리고 기독교입니다. 그런데 이 세 고등 종교의 공통점은 모두 구약성경을 중요한 경전으로 하고 있다는 것입니다. 이 구약성경이 유일하신 신의 존재를 가르치고 있습니다. 이런 구약성경의 계시가 없었다면 우리는 한 분이신 절대적인 신의 존재를 믿기 어려웠을 것입니다. 그렇다면 유대교와 이슬람교는 기독교와 어떤 면에서 차이를 갖고 있을까요? 그것은 바로 하나님의 아들이신 예수 그리스도에 대한 견해의 차이라고 할 수 있습니다. 유대교와 이슬람교는 예수를 하나의 선지자로는 받아들입니다. 그러나 그를 하나님의 아들로는 인정하지도, 믿지도 않습니다. 그러므로 그리스도인을 그리스도인 되게 하는 유일한 근거는 예수 그리스도의 하나님의 아들 되심, 혹은 그분을 구주와 주님으로 믿느냐가 중요한 것입니다.

우리는 보통 전도하다가 어떤 사람이 자기도 하나님을 믿는다고 하면 거기서 전도를 중단하는 경우가 많습니다. 우리가 바울 사도의 회심 이전에 그를 만나 전도한다고 가정해 봅시다. 그는 틀림없이 자신도 하나님을 믿는다고 했을 것입니다. 그런데 그가 모르고 있었던 것이 무엇입니까? 그가 믿고 있던 하나님이 당신의 아들인 예수 그리스도를 보내사 십자가에 죽게 하시고 부활하게 하심으로 우리를 구원하고자 하신 것, 이 복음을 모르고 있었습니다. 그러므로 복음의 핵심은 하나님의 아들에 대한 것입니다.

바울 사도는 복음을 어떻게 정의합니까?

> "이 복음은 하나님이 선지자들을 통하여 그의 아들에 관하여 성경에 미리 약속하신 것이라"(롬 1:2).

이 복음의 진리를 명료하게 드러내고 있는 것이 바로 본문에 기록된 '포도원 농부들의 비유'입니다. 이 비유에는 중요한 세 인물이 등장하는데, 첫째는 포도원 주인, 둘째는 포도원 농부들 그리고 셋째는 포도원 주인의 아들입니다. 여기서 포도원 주인은 바로 하나님이시고, 소작 농부들은 좁은 의미에서 유대인들, 넓은 의미로는 모든 인생을 대표하며, 포도원 주인의 아들은 바로 예수님이십니다. 이제 이 비유의 세 주인공들을 살펴봅시다.

포도원 주인이신 하나님

본문의 포도원은 하나님의 뜻을 이루기 위한 일터입니다. 이 일터는 좁은 의미로 볼 때는 이스라엘을, 넓은 의미로 볼 때는 이 세상 전체를 뜻하기도 합니다. 중요한 것은, 이 일터는 하나님의 뜻을 드러내고 일하기에 충분한 조건이 갖춰졌다는 것입니다.

"다른 한 비유를 들으라 한 집 주인이 포도원을 만들어 산울타리로 두르고 거기에 즙 짜는 틀을 만들고 망대를 짓고 농부들에게 세로 주고 타국에 갔더니"(마 21:33).

주인은 이 포도원이 일하기에 충분히 좋은 조건을 갖도록 우선 산울타리를 둘렀습니다. 그 안에서 일하고 살아가는 일꾼들을 야생 동물의 공격으로부터 보호하기 위해서였습니다. 그리고 즙 짜는 틀은 신선한 포도주를 공급하기 위해서였습니다. 그리고 망대는 울타리 밖의 동태를 감시해서 도둑이나 적의 침입으로부터 그 일꾼들을 지키기 위함이었습니다. 그러고 나서 주인은 이 모든 것을 세주고 타국으로 떠났습니다. 주인이 현장을 지키며 일꾼들을 감시했다면 일꾼들이 얼마나 불편했을까요? 주인은 이 포도원 전체를 농부들을 믿고 맡긴 것입니다. 여기서 하나님의 은혜를 볼 수 있지 않습니까? 여기에 우리를 당신의 일꾼으로 부르시고 신뢰하는 그분의 사랑이 느껴지지 않습니까?

선민 이스라엘은 하나님의 최초의 포도원이었습니다. 하지만 이스라엘 백성이 구세주로 오신 예수를 영접하지 않고 거절하자 온 세상에서 복음을 수용하는 이방인의 교회를 하나님은 다시 당신의 포도원으로 삼으셨습니다. 교회는 하나님의 아름다운 집이요, 사역지였고, 예수 그리스도의 신부였습니다. 하나님은 이 교회를 다시 당신의 농부들에게 맡기셨습니다. 교회는 소극적으로는 하나님의 백성을 보호하고 적극적으로는 세상을 복음화하기 위한 일꾼들의 영적 무장의 장소이며 세상 복음화의 센터라고 할 만합니다. 《천로역정》을 읽어 보면 순례자 크리스천이 여러 위험을 겪은 후 아름다운 집에 도착합니다. 거기에는 세 개의 방이 있는데, 평화의 방, 도서실 그리고 무기고입니다. 이것은 교회의 세 가지 역할을 상징합니다. 교회는 영적 평화와 영적 지식을 제공하고, 더 나아가 영적 무장을 갖추도록 하나님의 백성을 섬기는 곳입니다. 이 아름다운 집을 당신의 백성을 위해 준비하신 하나님은 얼마나 아름다우신지요? 그가 바로 영적 포도원의 주인이십니다.

소작 농부들인 인생들

이 농부들은 좁은 의미에서는 유대인들을 의미합니다.

> "열매 거둘 때가 가까우매 그 열매를 받으려고 자기 종들을 농부들에게 보내니"(마 21:34).

그런데 이 소작 농부들이 포도원 주인이 보낸 종들을 어떻게 대했습니까?

> "농부들이 종들을 잡아 하나는 심히 때리고 하나는 죽이고 하나는 돌로 쳤거늘 다시 다른 종들을 처음보다 많이 보내니 그들에게도 그렇

게 하였는지라"(마 21:35-36).

이 종들이 누구입니까? 구약에서 그들은 하나님의 선지자들입니다. 구약의 역사는 하나님이 끊임없이 당신의 선지자들을 보내어 당신의 백성을 깨우치고자 하신 역사였습니다. 그러나 농부들은 자신들이 청지기임을 망각하고 선지자들을 자신들의 사역과 이익에 손해를 끼치는 존재로 인식해 그들을 박해한 것입니다. 그래서 선지자들은 이 끊임없는 박해와 고난을 감수해야 했습니다.

> "또 어떤 이들은 조롱과 채찍질뿐 아니라 결박과 옥에 갇히는 시련도 받았으며 돌로 치는 것과 톱으로 켜는 것과 시험과 칼로 죽임을 당하고 양과 염소의 가죽을 입고 유리하여 궁핍과 환난과 학대를 받았으니 (이런 사람은 세상이 감당하지 못하느니라) 그들이 광야와 산과 동굴과 토굴에 유리하였느니라"(히 11:36-38).

그러나 넓은 의미에서 이 농부들은 하나님의 종들을 박해하는 모든 시대의 악한 청지기 인생들을 의미합니다. 전적으로 부패한 죄의 노예된 인생들은 복음의 종들을 본능적으로 박해합니다. 그래서 지금도 박해의 역사는 지속되고 있습니다. 그런데 이런 하나님의 선지자들에 대한 박해는 모두 하나님이 역사의 끝 날에 쓰실 '그 선지자'(the prophet)에 대한 사탄의 박해인 것입니다. 성경은 역사의 끝 날에 '그 선지자'가

'하나님의 아들'로 오실 것이라고 예언합니다.

"옛적에 선지자들을 통하여 여러 부분과 여러 모양으로 우리 조상들에게 말씀하신 하나님이 이 모든 날 마지막에는 아들을 통하여 우리에게 말씀하셨으니 이 아들을 만유의 상속자로 세우시고 또 그로 말미암아 모든 세계를 지으셨느니라"(히 1:1-2).

그래서 마침내 역사의 완성이 가까운 때에 하나님이 당신의 아들을 보내신 것입니다. 그런데 세상의 농부들은 그를 어떻게 했습니까? 여기 하나님의 아들이신 예수님이 당신에 대한 세상의 반응을 2천 년 전에 친히 예언하셨습니다.

"후에 자기 아들을 보내며 이르되 그들이 내 아들은 존대하리라 하였더니 농부들이 그 아들을 보고 서로 말하되 이는 상속자니 자 죽이고 그의 유산을 차지하자 하고 이에 잡아 포도원 밖에 내쫓아 죽였느니라"(마 21:37-39).

포도원 주인의 기대는 아들을 존대함이었습니다. 그러나 세상은 그 아들을 죽였습니다. 이것이 바로 고난주간의 사건입니다. 이제 이 비유의 클라이맥스에서 제시되는 포도원 주인의 아들을 바라보십시오.

아들이신 예수님

우선 주목할 것은, 예수님이 당신의 입으로 당신의 죽음을 예언하고 계시다는 사실입니다.

> "이에 잡아 포도원 밖에 내쫓아 죽였느니라"(마 21:39).

이는 그분이 어디에서 어떻게 죽을지를 정확히 알고 계셨다는 것입니다. 즉 이스라엘 백성(포도원 농부들)에 의해 이스라엘의 중심인 예루살렘 성 밖(포도원 밖)에서 죽으실 거라는 사실의 예언이 아닙니까?

> "그러므로 예수도 자기 피로써 백성을 거룩하게 하려고 성문 밖에서 고난을 받으셨느니라"(히 13:12).

당시의 유대 지도자들은 이 두 아들의 비유가 자신들에 의해 이루어질 사실임을 인지하고 있었습니다.

> "대제사장들과 바리새인들이 예수의 비유를 듣고 자기들을 가리켜 말씀하심인 줄 알고 잡고자 하나 무리를 무서워하니 이는 그들이 예수를 선지자로 앎이었더라"(마 21:45-46).

그러나 그들은 그분이 마지막 선지자요, 하나님의 아들이심을 알지 못했습니다. 하지만 하나님의 아들이신 예수님은 당신의 죽음이 구속사의 마지막 사건이 아닌 것을 또한 알고 계셨습니다.

"예수께서 이르시되 너희가 성경에 건축자들이 버린 돌이 모퉁이의 머릿돌이 되었나니 이것은 주로 말미암아 된 것이요 우리 눈에 기이하도다 함을 읽어 본 일이 없느냐"(마 21:42).

예수님은 십자가의 죽음으로 일시적으로 버린 돌과 같이 되셨으나 그것이 그분 존재의 마지막은 아니라는 것입니다. 그분은 새로운 위대한 건축의 모퉁이 돌이 되시리라는 것입니다. 여기서 위대한 건축이 무엇입니까? 이방인 교회의 건축입니다. 이스라엘이 메시아 되신 예수 그리스도를 거절함으로 그분의 복음은 이스라엘을 떠나 이방인들에게 증거되었다는 것입니다.

"그들이 말하되 그 악한 자들을 진멸하고 포도원은 제때에 열매를 바칠 만한 다른 농부들에게 세로 줄지니이다"(마 21:41).

결국 하나님의 복음의 일터에서의 농부가 다른 농부, 즉 이방인에게로 전환되리라는 사실입니다. 그리고 그분은 이방인 교회의 모퉁이 돌, 그 기초가 될 것을 예언하신 것입니다. 이것은 43절 말씀에서 더욱 분명해지고 있습니다.

"그러므로 내가 너희에게 이르노니 하나님의 나라를 너희는 빼앗기고 그 나라의 열매 맺는 백성이 받으리라"(마 21:43).

그렇습니다. 지금은 하나님의 아들 되신 예수 그리스도가 이방인 가운데 하나님 나라 복음의 열매를 맺고 계신 시대입니다. 중요한 것은 이 시대의 천국 백성, 천국 제자들이 과연 예수 그리스도를 하나님의 아들로 존대하고 있느냐는 것입니다. 그러면 어떻게 하는 것이 예수님을 하나님의 아들로 존대하는 것일까요? 무엇보다 중요한 것은, 그분을 분명하게 하나님의 아들로 고백하는 일입니다. 예수님의 수제자인 베드로가 빌립보 가이사랴에서 한 고백을 기억하십시오.

"시몬 베드로가 대답하여 이르되 주는 그리스도시요 살아 계신 하나님의 아들이시니이다"(마 16:16).

그리고 이때 보이신 예수님의 기쁨의 반응을 기억하십시오.

"예수께서 대답하여 이르시되 바요나 시몬아 네가 복이 있도다 이를 네게 알게 한 이는 혈육이 아니요 하늘에 계신 내 아버지시니라"(마 16:17).

교회에 나오면서도 예수님이 자신의 구주요, 주님이심을 분명하게 고백하지 못하는 사람들이 얼마나 많습니까? 하나님의 아들이신 예수님이 사람의 아들로 이 땅에 와 고난 받고 십자가에 죽으신 이유는 우리를 구원하사 우리의 주님이 되시기 위함입니다. 이 고백으로만 우리는 하나님의 아들을 기쁘시게 하고 존귀하게 할 수 있습니다.

또 어떻게 예수님을 하나님의 아들로 존대할 수 있습니까? 그분을 따르기 위해 우리도 기쁘게 십자가를 지는 것입니다. 베드로의 고백을 받으신 후 주님이 베드로와 제자들에게 주신 말씀이 그것이었습니다.

"이에 예수께서 제자들에게 이르시되 누구든지 나를 따라오려거든 자기를 부인하고 자기 십자가를 지고 나를 따를 것이니라"(마 16:24).

여기 '자기 십자가'라는 표현을 주목해 보십시오. 자기 나름의 십자가가 있습니다. 주님을 신실하게 따르고 섬기기 위해 우리가 감수해야 할 손해, 희생, 눈물이 있다면 기쁘게 그 십자가를 지고 순종의 길을 감으로 하나님의 아들 되신 그분을 영화롭게 해야 한다는 것입니다. 우리가 자주 부르는 찬양이 이런 우리의 고백을 잘 담아내고 있지 않습니까?

내 마음에 주를 향한 사랑이 나의 말엔 주가 주신 진리로
나의 눈에 주의 눈물 채워 주소서
내 입술에 찬양의 향기가 두 손에는 주를 닮은 섬김이
나의 삶에 주의 흔적 남게 하소서

하나님의 사랑이 영원히 함께하리

십자가의 길을 걷는 자에게 순교자의 삶을 사는 이에게

조롱하는 소리와 세상 유혹 속에도 주의 순결한 신부가 되리라

내 생명 주님께 드리리

_ 하스데반, 〈십자가의 길 순교자의 삶〉

이 땅에서 고난 받으셨으나 하나님 나라에서 영원토록 존대 받으실 분, 그분의 이름이 예수 그리스도이십니다.

chapter 18

천국의
혼인 잔치

의의 예복을 입고
천국 잔치에 참여하라

천국은 축제 중이다. 우리는 이 축제에 초대받은 '호모 페스티버스', 곧 축제하는 인간이다. 왕의 아들은 부활하셨다! 어찌 이런 일이 있을 수 있겠는가! 그러나 모든 인생이 자동적으로 이 부활의 축제에 초대받는 것은 아니다. 한 가지 조건이 있다.

| 마태복음 22:1-4, 10-14 |

예수께서 다시 비유로 대답하여 이르시되 천국은 마치 자기 아들을 위하여 혼인 잔치를 베푼 어떤 임금과 같으니 그 종들을 보내어 그 청한 사람들을 혼인 잔치에 오라 하였더니 오기를 싫어하거늘 다시 다른 종들을 보내며 이르되 청한 사람들에게 이르기를 내가 오찬을 준비하되 나의 소와 살진 짐승을 잡고 모든 것을 갖추었으니 혼인 잔치에 오소서 하라 하였더니 … 종들이 길에 나가 악한 자나 선한 자나 만나는 대로 모두 데려오니 혼인 잔치에 손님들이 가득한지라 임금이 손님들을 보러 들어올새 거기서 예복을 입지 않은 한 사람을 보고 이르되 친구여 어찌하여 예복을 입지 않고 여기 들어왔느냐 하니 그가 아무 말도 못하거늘 임금이 사환들에게 말하되 그 손발을 묶어 바깥 어두운 데에 내던지라 거기서 슬피 울며 이를 갈게 되리라 하니라 청함을 받은 자는 많되 택함을 입은 자는 적으니라

하버드에서 사회윤리학과 신학을 가르치던 하비 콕스(Harvey Cox) 교수는 인간을 '호모 페스티버스'(Homo Festivus), 곧 '축제하는 인간'이라 정의하며 포스트모던 사람들은 "축제와 환상을 다시 배워야 한다"고 말합니다. "지금 이 시대의 사람들은 축제를 잃어버린 시대를 살고 있다"고 말합니다. 기독교 신앙은 오늘 같은 시대에 '축제의 삶'을 회복하는 일에 기여할 수 있다고 말합니다. 그의 축제의 정의를 들어 보십시오.

"축제는 외로운 인간들의 외출이다. 축제는 홀로 떨어져 있는 날이 아니다. 축제는 더불어 판타지 속으로 걷는 것이다. 축제는 진정한 타자를 만나는 장소다."

오늘날 이런 축제가 필요하지 않습니까? 그런데 여기에 복음이 있습니다. 본래부터 기독교 신앙은 '축제하는 신앙, 잔치하는 신앙'이고 그리스도인은 '잔치하는 백성'이었다는 사실입니다. 그리스도인의 축제 중의 축제는 부활의 축제입니다. 그래서 어거스틴(Aurelius Augustinus)도 "그리스도인은 부활절의 사람"(Christians are Easter man)이라고, "그들의 노래는 '기쁨의 외침'(a cry of joy)이요, 황홀감(ecstasy)과 행복감(euphoria)이 폭발하는 알렐루야가 아닌가!"라고 말한 것입니다.

고난주간 십자가의 죽음을 앞에 두고 예수님은 본문에 기록된 '혼인 잔치의 비유'를 말씀하십니다. 그분은 십자가를 넘어 부활의 축제와 당신의 다시 오심의 축제를 바라보고 계셨던 것입니다.

"천국은 마치 자기 아들을 위하여 혼인 잔치를 베푼 어떤 임금과 같
으니"(마 22:2).

한마디로 말하면, 하나님 나라는 왕의 아들을 위한 혼인 잔치라는
것입니다. 그렇습니다. 천국 백성은 천국 잔치에 초대받은 백성입니
다. 그러면 이 천국 잔치의 특성은 무엇일까요?

기쁨의 잔치

앞서 이야기한 것처럼 천국의 본질은 잔치입니다. 이 땅에서 드려지
는 모든 예배는 바로 이 천국 잔치를 반영하는 축제입니다. 그리고 이
런 예배는 사망을 이기고 다시 사신 예수 그리스도의 부활을 축하하기
위해 모이는 것입니다. 그러므로 예배는 본질적으로 축제이며 '예배에
의 부름'은 바로 '축제에의 부름', '축제에의 초대'인 것입니다. 요한계
시록 19장 7절은 주님이 다시 오시고 이 축제가 하늘에서 완성되는 광
경을 보여 주고 있습니다.

"우리가 즐거워하고 크게 기뻐하며 그에게 영광을 돌리세 어린양의
혼인 기약이 이르렀고 그의 아내가 자신을 준비하였으므로."

이 잔치에 초대되는 사람들의 마음 준비로 성경이 요청한 바가 바로 큰 기쁨과 즐거움입니다. 이 천국 잔치의 본질이 기쁨이기 때문입니다. 당신에게는 이런 큰 기쁨이 있습니까?

이 질문을 할 때마다 늘 생각나는 사건이 있습니다. 20대 초반에 영어를 배울 목적으로 처음 교회를 출입할 때 영어를 가르치시던 선교사님이 저에게 물으셨습니다.

"왜 한국 사람들은 밖에서는 기쁘게 말하고 이야기하다가도 교회당 안에만 들어가면 다 슬퍼지고 울고 그러는 겁니까?"

제가 대답이 궁했는데 그때가 마침 고난주간이어서 얼결에 이렇게 대답했습니다.

"아마 예수님의 십자가의 죽으심을 생각해서 그런 것 같습니다."

그랬더니 그분이 웃으면서 반문하셨습니다.

"그럼 그 예수님이 다시 사신 것은 잊었나요?"

저는 이 말을 잊을 수가 없습니다. 사망은 인생의 가장 슬픈 소식입니다. 그러나 그 예수님이 사망을 이기고 다시 사셨다면 그리고 그 부활의 주님이 우리 주가 되시어 지금도 우리와 함께하신다면, 우리에게는 충분히 기뻐해야 할 이유가 되지 않겠습니까? 부활의 주님이 통치하시는 나라는 기쁨의 나라요, 그 나라의 잔치는 기쁨의 잔치, 기쁨의 축제임을 믿으십시오.

은혜의 잔치

이 혼인 잔치 비유의 역설은 왕의 아들의 기쁨의 잔치에 초대된 사람들이 그 초대를 거절하고 있다는 사실입니다.

> "그 종들을 보내어 그 청한 사람들을 혼인 잔치에 오라 하였더니 오기를 싫어하거늘"(마 22:3).

그러자 마침내 이 비유의 절정에서 왕은 파격적인 초청의 결단을 내립니다.

> "종들이 길에 나가 악한 자나 선한 자나 만나는 대로 모두 데려오니 혼인 잔치에 손님들이 가득한지라"(마 22:10).

종국에 이 천국 잔치에 초대받은 사람들은 선과 악의 경계선을 초월합니다. 악한 자도 초대된다는 것입니다. 이 왕의 잔치에 어울릴 법한 그럴 듯한 자격 있는 사람들만이 아닌, 전혀 자격 없어 보이는 사람들도 초대되고 있다는 사실입니다. 이것이 바로 은혜의 본질이 아닙니까? 은혜의 뜻이 무엇입니까? '받을 자격이 없는 사람들에게 베풀어지는 호의나 사랑'입니다. 우리가 왕 되신 예수님의 초대로 경험한 구원이 바로 그의 은혜를 증거하지 않습니까?

"너희는 그 은혜에 의하여 믿음으로 말미암아 구원을 받았으니 이것은 너희에게서 난 것이 아니요 하나님의 선물이라"(엡 2:8).

그래서 우리는 그분의 놀라우신 은혜(Amazing Grace)를 찬양하는 것입니다.

나 같은 죄인 살리신 주 은혜 놀라워
잃었던 생명 찾았고 광명을 얻었네

큰 죄악에서 건지신 그 은혜 고마워
나 처음 믿은 그 시간 귀하고 귀하다

이제껏 내가 산 것도 주님의 은혜라
또 나를 장차 본향에 인도해 주시리

거기서 우리 영원히 주님의 은혜로
해처럼 밝게 살면서 주 찬양하리라

이처럼 천국 잔치의 본질은 은혜입니다.

의의 잔치

본문의 혼인 잔치의 비유에서 왕의 결단으로 선악 간에, 아니 선악을 초월하는 많은 사람들이 이 잔치에 초대된 것을 보았습니다. 그러나 이들 모두가 이 잔치를 즐기는 자가 된 것은 아니었습니다. 이 잔치에 참여하기 위해 요청된 한 가지 조건이 있었는데, 그것은 바로 예복이었습니다.

"임금이 손님들을 보러 들어올새 거기서 예복을 입지 않은 한 사람을 보고 이르되 친구여 어찌하여 예복을 입지 않고 여기 들어왔느냐 하니 그가 아무 말도 못하거늘"(마 22:11-12).

이 예복은 무엇을 뜻하는 것입니까? 요한계시록 19장에서 어린양의 혼인 잔치에 준비된 신부의 예복의 정체를 보십시오.

"그에게 빛나고 깨끗한 세마포 옷을 입도록 허락하셨으니 이 세마포 옷은 성도들의 옳은 행실이로다 하더라"(계 19:8).

악한 자도 이 잔치에 올 수 있습니다. 그러나 그도 죄악의 옷을 벗고 의의 예복을 입어야 한다는 사실입니다. 그러면 악한 자들이 죄악의 옷을 벗고 의의 예복을 입을 수 있는 길이 있단 말입니까? 바로 그 일을 위해 왕의 아들이 십자가에 못 박히신 것입니다. 여기에 복음이 있습니다.

"예수는 우리가 범죄한 것 때문에 내줌이 되고 또한 우리를 의롭다 하시기 위하여 살아나셨느니라"(롬 4:25).

아멘! 예수님은 우리의 죄 문제를 해결하기 위해 친히 그 몸으로 우리 죄를 대신 짊어지고 십자가에서 죽으신 것입니다. 그분의 십자가의 보혈로 우리가 죄를 씻음 받고 죄 사함을 받은 것입니다. 그러나 그가 이 십자가에서 다시 사신 이유는, 죄 사함 받은 자들을 의롭다 하고 그들에게 의의 옷을 입혀 이제부터 의의 길을 걷는 자들이 되도록 인도하시기 위해서입니다. 그러므로 복음은 예수님의 십자가의 죽음만이 아닌 십자가의 부활입니다. 부활하신 주님이 우리를 의롭다 하시며, 이제 우리를 의의 길로 인도하십니다. 그 준비 없이는 아무도 천국 잔치에 참여할 수 없습니다. 이것이 바로 의의 예복입니다. 당신은 이 예복을 준비했습니까?

이 비유의 마지막 말씀이 무엇이었습니까?

"청함을 받은 자는 많되 택함을 입은 자는 적으니라"(마 22:14).

천국 잔치는 모든 죄인들에게 열린 잔치입니다. 그러나 그 죄인이 죄를 회개하고 주님의 의롭다 하심을 입고 이제 성도로 살 준비가 되었을 때에야 비로소 이 잔치에 참여할 수 있는 자가 되는 것입니다. 그의 회개가 그의 택함을 증명하는 것입니다. 그래서 천국 잔치는 궁극적으로 의의 예복을 입은 성도들을 위한 잔치입니다. 잔치 자리까지 왔지만 회개를 거부하고 죄인으로 머물 자들, 그들은 청함을 입었지만 택함을 입지 못한 것을 자신들의 삶으로 증명하는 것입니다. 구원은 믿음으로 받지만, 믿음으로 의롭다 함을 입을 때 비로소 그 믿음이 우리를 구원하는 것입니다. 천국 잔치는 곧 의의 잔치입니다.

얼마 전 동네의 한 커피숍에 갔다가 신학적인 의미가 함축된 새 개의 액자가 벽에 나란히 붙어 있는 것을 보고 놀랐습니다. 첫 번째 액자의 메시지는 'Born Sinner', 곧 우리는 태어날 때부터 죄인이라는 것입니다. 그런 상태로 평생을 살다가 가는 사람들이 많습니다. 두 번째 액자의 메시지는 'Aren't we all Sinners?', 곧 그런 우리는 모두가 죄인임을 아느냐는 질문입니다. 그런데 어느 날 들려온 복음을 듣고 회개한 후 예수를 참으로 믿는 순간 우리에게 주어지는 놀라운 호칭이 무엇입니까? 이것이 세 번째 액자의 메시지입니다. 'Aren't we all Saints?', 곧 우리 모두가 믿음으로 의롭다 함을 얻고 성도가 된 것을 아느냐는 질문입니다. 이것이 바로 부활절의 은혜입니다. 이것이 바로 부활 축제의 의미요, 감격인 것입니다.

저도 묻고 싶습니다. 당신은 우리를 위해 죽으시고 부활하신 예수님을 믿음으로 죄인이었다가 다시 살아난 부활 성도가 되었습니까? 그리고 부활 성도답게 살고 있습니까?

어느 부활절 아침, 감사의 기도를 드리는 저에게 주님이 다음과 같은 기도문을 허락하셨습니다.

〈부활절의 기도〉

이천 년 전 부활하신 주님,
부활하심으로 오늘도 살아 계신 주님,
우리가 부활절을 기억하는 한 이유는
나 자신의 오늘의 부활 때문이옵니다.

오늘 내 삶의 무력함을 아시는 주여,
사망을 깨트리신 그 권능으로 살려 주소서.
무덤에서 일어나는 부활에 앞서서
절망에서 일어나는 부활을 허락하옵소서.

내가 먼저 살아야 살릴 이웃들이 있어
나를 먼저 살리시기를 구하나이다.
나사로처럼 살아 일어날 수가 있다면
나사로 때문에 믿을 사람들이 있겠사오니

오늘 부활절에 부활의 은혜를 구하나이다.
오늘 다시 사는 부활 성도가 되게 하소서.

아멘

chapter 19

천국의
슬기 있는 자들

어둠을 밝힐
믿음의 기름을 준비하라

등을 들고 신랑을 맞으러 간 열 명의 처녀들. 그런데 신랑의 도착이 지연되고 있다. 그러자 처녀들은 졸기 시작한다. 갑자기 들리는 소리, 신랑이로다! 그때 우왕좌왕하며 등을 조사하다가 기름이 떨어진 것을 발견한 이들의 당황함! 당신은 슬기로운가, 미련한가?

| 마태복음 25:1-13 |

그때에 천국은 마치 등을 들고 신랑을 맞으러 나간 열 처녀와 같다
하리니 그중의 다섯은 미련하고 다섯은 슬기 있는 자라 미련한 자들
은 등을 가지되 기름을 가지지 아니하고 슬기 있는 자들은 그릇에 기
름을 담아 등과 함께 가져갔더니 신랑이 더디 오므로 다 졸며 잘새
밤중에 소리가 나되 보라 신랑이로다 맞으러 나오라 하매 이에 그 처
녀들이 다 일어나 등을 준비할새 미련한 자들이 슬기 있는 자들에게
이르되 우리 등불이 꺼져 가니 너희 기름을 좀 나눠 달라 하거늘 슬
기 있는 자들이 대답하여 이르되 우리와 너희가 쓰기에 다 부족할까
하노니 차라리 파는 자들에게 가서 너희 쓸 것을 사라 하니 그들이
사러 간 사이에 신랑이 오므로 준비하였던 자들은 함께 혼인 잔치에
들어가고 문은 닫힌지라 그 후에 남은 처녀들이 와서 이르되 주여 주
여 우리에게 열어 주소서 대답하여 이르되 진실로 너희에게 이르노
니 내가 너희를 알지 못하노라 하였느니라 그런즉 깨어 있으라 너희
는 그날과 그때를 알지 못하느니라

제 평생의 목회 철학 중 하나는 제가 인도하는 모든 모임을 정시에 시작하고 정시 전에 끝낸다는 것입니다. 그런데 아주 드물게 이 원칙을 지키지 못할 때가 있습니다. 그것은 결혼식에 신랑이나 신부가 지각했을 경우입니다. 신랑이나 신부가 빠진 채로 식을 개회할 수는 없기 때문입니다. 그럴 때면 결혼 당사자 이상으로 주례자인 제 속이 타들어 갑니다. 이러한 기억 때문인지, 저는 본문의 소위 '열 처녀의 비유'에 등장하는 신부 들러리들의 처지에 동정심을 갖지 않을 수 없습니다.

고대 이스라엘의 결혼식에선 보통 신랑이 저녁에 신부 집으로 행차하면 신부가 들러리와 함께 나가 신랑을 영접해 들임으로 혼인 잔치가 시작되었습니다. 본문에 묘사된 혼례의 경우 신랑의 등장이 늦어지자 신부의 들러리인 열 명의 처녀들이 졸음을 이기지 못하고 잠에 떨어졌다고 기록합니다. 그런데 한밤중에 밤의 정적을 깨고 시끄러운 소리가 들립니다. "보라, 신랑이로다!" 이때 등에 기름을 예비한 슬기로운 다섯 처녀는 잔칫집에 들어가고, 기름을 예비하지 못한 미련한 다섯 처녀는 뒤늦게 시장에 가서 기름을 채우고는 잔칫집에 도착하지만 잔칫집의 문은 이미 닫힌 후였습니다.

본문에 선행하는 마태복음 24장을 우리는 종말 장이라고 부릅니다. 우리는 이 장의 교훈의 절정을 42절에서 읽을 수 있습니다.

"그러므로 깨어 있으라 어느 날에 너희 주가 임할는지 너희가 알지 못함이니라".

다시 오실 주님을 깨어 맞이할 준비가 우리에게 있어야 한다는 교훈입니다. 이어지는 말씀을 보십시오.

"이러므로 너희도 준비하고 있으라 생각하지 않은 때에 인자가 오리라"(마 24:44).

이런 경고에 이어 마태복음 25장이 열립니다.

"그때에 천국은 마치 등을 들고 신랑을 맞으러 나간 열 처녀와 같다 하리니"(마 25:1).

우리에게 임할 완성된 천국을 맞아야 할 이 시대 성도들의 모습을 열 처녀에 비유하신 것입니다. 그런데 이 열 처녀는 다시 두 부류로 나누어집니다. 슬기 있는 다섯 처녀와 미련한 다섯 처녀, 곧 준비된 다섯 처녀와 준비되지 못한 다섯 처녀로 말입니다. 물론 하나님이 기대하시는 천국 백성, 천국 제자들은 슬기 있는 다섯 처녀가 되어야 할 것을 말씀하십니다. 그렇다면 우리가 준비되지 못한 미련한 처녀들이 아닌 슬기 있는 처녀들이 되기 위해서는 무엇을 준비해야 합니까? 질문을 바꾸어 보겠습니다. 우리가 준비된 슬기로운 성도가 되기 위해 준비되지 못한 미련한 다섯 처녀에게서 배울 교훈은 무엇입니까?

신앙의 형식은 내용을 대신할 수 없다

본문에서 미련한 다섯 처녀나 슬기로운 다섯 처녀는 외적으로 크게 다르지 않은 모습으로 등장합니다. 함께 잔치에 초대받았고, 함께 그 초대에 응했으며, 신부의 들러리가 되어 함께 신랑을 기다렸습니다. 그리고 신랑의 등장이 늦어지자 함께 자고 있었습니다. 우리는 본문을 이해할 때 슬기로운 다섯 처녀는 깨어 있었기 때문이라고 속단하기도 합니다. 그러나 본문 5절을 주의 깊게 살펴보십시오.

"신랑이 더디 오므로 다 졸며 잘새"(마 25:5).

누가 졸았다고 했습니까? '다', 즉 열 명 모두가 졸았다는 것입니다. 그러므로 조는 걸 가지고 너무 성도들을 차별해서는 안 될 것입니다. 피곤하면 누구든 졸 수 있습니다. 저도 피곤하면 강단 위에서 졸 때가 있습니다. 피곤하면 졸리는 생리적 현상을 가지고 신앙의 유무를 판단할 수는 없습니다. 여기서 중요한 것은, 이런 외적 현상이 이 두 부류의 성도를 나누지 않는다는 것입니다. 다시 말하면, 우리는 하나님 나라에 초대를 받고 그 초대에 응해서 주일 예배에도 참여하고 함께 예배하다가 함께 졸기도 합니다. 여기까지는 차이가 없다는 것입니다. 소위 형식론적 차별이 없습니다.

그러면 어디서 차이가 생깁니까? 이 열 명의 처녀에게는 등이 있었습니다. 문제는 등이 아니라 그 안에 있어야 할 기름입니다. 기름이 있어야 불을 밝히고 밤에 등불을 들고 나가 신랑을 맞이할 수 있는데, 슬기로운 다섯 처녀는 기름을 준비하고 있었던 반면 미련한 다섯 처녀는 기름을 준비하지 못한 것입니다.

성경학자들은 이 기름이 무엇을 의미하느냐로 여러 토론을 제시합니다. 많은 학자들은 이 기름이 성령을 뜻한다고 생각합니다. 그러면 기름이 줄었는데 성령도 줄어들 수 있느냐는 반론을 제시합니다. 그런가 하면 어떤 학자들은 대부분의 천국 비유의 결론처럼 이 등 안의 기름은 성도들의 선한 행실이라고 주장하기도 합니다. 그러나 넓게 접근한다면 우리의 신앙의 형식 안에 담겨 있어야 할 '성령 충만한 삶' 그 자체로 해석하는 것이 무난하다고 봅니다. 성령 충만한 삶이야말로 구원받은 성도들이 깨어서 준비해야 할 신앙의 가장 중요한 내용이기 때문입니다. 내용이 있을 때 형식은 내용을 표현하는 아름다운 그릇일 수 있습니다. 형식 자체가 잘못일 수는 없습니다. 그러나 내용 없는 형식이 언제나 문제입니다.

주님이 다시 오시는 날, 곧 우리의 삶이 결산될 때 내용이 없는 형식은 설 자리가 없다는 결론이 바로 본문의 비유가 주는 가르침입니다. 참된 신앙은 언제나 위기 앞에서 그 진면목을 드러냅니다. 신랑 되신 예수님이 다시 오시는 날, 그때 비로소 신앙의 내용을 갖고 산 사람과 그렇지 못한 사람의 차이가 드러납니다. 그러므로 우리가 얼마나 신앙의 내용을 갖고 살았는지는 삶의 위기 앞에서 드러납니다. 어려움이 찾아올 때 불평하고 짜증내고 좌절합니까, 아니면 주님 앞에 더 가까이 나아가 성령 충만을 구하며 여전히 찬양하고 감사하고 순종하며 살아갑니까? 왜 찬송의 삶, 감사의 삶, 순종의 삶이 중요합니까? 그것이 성령 충만의 결과이기 때문입니다. 우리는 "성령으로 충만함을 받으라"라는 명령을 확인합니다(엡 5:18). 그다음에 따라 나오는 말씀이 무엇입니까? "시와 찬송과 신령한 노래들로 … 주께 노래하며 찬송"하라는 것입니다(엡 5:19). "범사에 … 항상 아버지 하나님께 감사"하라는 것입니다(엡 5:20). 그리고 "그리스도를 경외함으로 피차 복종하라"는 것입니다(엡 5:21).

저는 우리가 신앙의 형식을 갖고 사는 데 만족하지 않고 진실로 성령 충만한 삶을 구하게 되기를 기도합니다.

신앙의 준비는 누구도 대신할 수 없다

신랑이 도착했습니다. 신랑이 도착했다는 소식을 전달받자마자 미련한 처녀들이 한 일은 무엇입니까?

"미련한 자들이 슬기 있는 자들에게 이르되 우리 등불이 꺼져 가니 너회 기름을 좀 나눠 달라 하거늘"(마 25:8).

이때 슬기로운 처녀들의 응답은 무엇이었습니까?

"슬기 있는 자들이 대답하여 이르되 우리와 너희가 쓰기에 다 부족할까 하노니 차라리 파는 자들에게 가서 너희 쓸 것을 사라 하니"(마 25:9).

우리는 이 대목에서 슬기로운 다섯 처녀의 인색함에 대해 반발을 느낄지 모릅니다. 그러나 이런 대목을 통해 주님이 우리에게 전달하시고자 하는 가르침의 핵심이 있습니다. 신앙의 내용은 나눌 수도, 빌릴 수도 없다는 것입니다.

믿지 않는 사람들을 전도하다 보면 가끔 이런 대답을 하는 사람들이 있습니다.

"예, 제 아내가 교회에 열심히 나갑니다."

"제 아이들이 열심히 나갑니다."

과거 국가 조찬 기도회에서 설교한 후 헤드 테이블에 대통령 내외와 함께 앉게 되었습니다. 앉자마자 대통령이 "오늘 은혜로운 말씀 감사합니다" 하셔서 제가 "대통령님도 신앙을 가지시면 어떨까요?" 하니까 "예, 제 딸과 사위가 교회에 열심히 나갑니다"라고 대답하신 것을 잊을 수가 없습니다. 그 대답에 제가 뭐라고 했을까요? "아, 그렇군요. 그렇다면 따님과 사위 아드님의 가장 큰 소원은 아마 부모님이 구원받으시는 일일 것입니다." 그랬더니 "국정 운영 중엔 한 종교를 갖는 것이 쉽지 않아, 제가 평민의 자리로 가면 진지하게 고려하겠습니다"라고 대답하셨습니다. 식사 관계로 더 이상 말을 이어 가지 못했지만, 제가 하고 싶었던 말은 무엇일까요? 누구도 나를 대신해서 예수를 믿거나 구원을 받을 수는 없다는 사실입니다.

무디 신학교의 학장이었던 조지 스위팅(George Sweeting) 박사가 남긴 명언이 있습니다. "하나님에게는 자녀만 있지 손자는 없다." 무슨 말입니까? 우리 각 사람이 개인적으로 예수 그리스도를 구주와 주님으로 영접하고 하나님의 자녀가 되는 것이지, 아버지가 믿었기 때문에 혹은 어머니가 믿었기 때문에 하나님의 자녀가 되는 것은 아니라는 사실입니다. 그래서 신앙의 준비는 철저하게 개인적인(personal) 것이어야 한다는 것입니다.

어떤 사람은 전도하면 "나는 어머니 배 속에서부터 믿었습니다"라고 이야기합니다. 침례교회에서 유아 세례(침례)를 주지 않는 이유가 여기에 있습니다. 성경에서 믿음을 근거로 하지 않고 세례(침례)가 주어진 경우는 없습니다("듣고 믿어 세례[침례]를 받더라"[행 18:8]). '헌아식'(Baby dedication)은 부모가 아이를 믿음으로 키워 세례(침례)를 받을 때까지 신앙의 선한 영향을 끼치겠다는 부모의 헌신에 초점이 있는 의식입니다. 아이에게 구원을 주는 의식이 아닙니다.

그렇습니다. 본문의 비유가 주는 가르침은 구원도, 성령 충만도, 그 어떤 신앙의 준비도 누군가가 대신할 수 없다는 사실입니다.

신앙의 결단의 기회는 언제나 있지 않다

본문에 보면 잔칫집의 문이 닫힌 후 그 문은 다시 열리지 않았습니다. 잃어버린 기회는 다시 오지 않는다는 교훈입니다.

"그들이 사러 간 사이에 신랑이 오므로 준비하였던 자들은 함께 혼인 잔치에 들어가고 문은 닫힌지라 그 후에 남은 처녀들이 와서 이르되 주여 주여 우리에게 열어 주소서"(마 25:10-11).

안에서 들리는 음성은 무엇이었습니까?

"대답하여 이르되 진실로 너희에게 이르노니 내가 너희를 알지 못하노라 하였느니라"(마 25:12).

무슨 말입니까? 기회는 지나갔다는 것입니다.

고대 그리스의 도시였던 시칠리아 섬의 시라쿠사 거리에는 동상이 하나 서 있는데, 앞머리는 무성한 반면 뒷머리는 대머리인데다가 발에는 날개가 달린 이상한 모습을 하고 있다고 합니다. 그 동상 아래에는 이런 글귀가 새겨져 있다고 합니다.

"나의 앞머리가 무성한 이유는 사람들로 하여금 나를 쉽게 붙잡을 수 있도록 하기 위함이고, 뒷머리가 대머리인 이유는 내가 지나가면 사람들이 다시는 붙잡지 못하도록 하기 위함이며, 발에 날개가 달린

이유는 최대한 빨리 사라지기 위함이다. 나의 이름은 '기회'(opportunity)
다."

은혜 받을 기회도 그렇고, 구원의 기회도 그렇습니다.

> "이르시되 내가 은혜 베풀 때에 너에게 듣고 구원의 날에 너를 도왔
> 다 하셨으니 보라 지금은 은혜 받을 만한 때요 보라 지금은 구원의 날
> 이로다"(고후 6:2).

그래서 지금 이 순간의 결단이 가장 중요한 것입니다. 오죽하면
이런 유머가 탄생했겠습니까? 어떤 남편이 직장 강의에서 가장 소중
한 '세 가지 금'은 '황금, 소금, 지금'이란 말을 듣고 아내에게 문자로 보
냈더니 아내에게 바로 대답이 왔다고 합니다. "이 순간 내게 소중한 세
가지 금은 '현금 지금 입금.'" 순발력 있는 아내에게 감탄하며 남편은 잠
시 후 다시 답을 보냈다고 합니다. "방금 쬐금 입금." 돈이야 있다가도
없어지고 없다가도 있을 수 있지만, 구원의 문제는 지금 해결하지 않으
면 영원히 해결할 수 없을 수도 있습니다. 오죽하면 《천로역정》의 저자
존 번연은 구원의 확신을 갖지 못하고 방황하던 때에 "주님, 아직 제 생
명을 가져가지 말아 주십시오. 저는 아직 주님 앞에 설 준비가 되지 못
했습니다. 오늘 참된 구원을 얻을 수만 있다면 저는 어디라도 가겠습니
다. 누구라도 만나겠습니다. 무엇이라도 하겠습니다"라고 부르짖었습
니다. 이 기도 후 그는 바로 존 기포드(John Gifford) 목사를 만나 구원의

확신을 얻었습니다.

신앙의 결단의 기회는 언제나 있는 것이 아닙니다. 당신은 오늘 주님 앞에서 인생을 결산할 준비가 되어 있습니까? 아직은 기회의 문이 열려 있습니다. 이 문이 닫히기 전, 우리는 신랑 되신 주님을 맞이 할 준비를 해야 합니다.

chapter 20

천국의 달란트
맡은 자들

하나님 나라를 위한
거룩한 바보가 되라

왜, 무엇을 하라고 왕은 우리에게 달란트를 주셨는가? 재능대로 섬기라고? 유익한 종이 되라고? 천국에 기여하는 자가 되라고? 결산의 시간은 다가오고 있다. 과연 우리는 착하고 충성된 종의 명예를 얻도록 준비되었는가?

| 마태복음 25:14-19, 30 |

또 어떤 사람이 타국에 갈 때 그 종들을 불러 자기 소유를 맡김과 같으니 각각 그 재능대로 한 사람에게는 금 다섯 달란트를, 한 사람에게는 두 달란트를, 한 사람에게는 한 달란트를 주고 떠났더니 다섯 달란트 받은 자는 바로 가서 그것으로 장사하여 또 다섯 달란트를 남기고 두 달란트 받은 자도 그같이 하여 또 두 달란트를 남겼으되 한 달란트 받은 자는 가서 땅을 파고 그 주인의 돈을 감추어 두었더니 오랜 후에 그 종들의 주인이 돌아와 그들과 결산할새 ··· 이 무익한 종을 바깥 어두운 데로 내쫓으라 거기서 슬피 울며 이를 갈리라 하니라

우리는 본문의 천국 비유를 흔히 '달란트의 비유'라고 부릅니다. 이 비유는 우리 천국 백성이 평생을 통해 후회 없이 행복하게 하나님과 그분의 나라를 섬기는 비밀을 가르치고 있습니다.

> "또 어떤 사람이 타국에 갈 때 그 종들을 불러 자기 소유를 맡김과 같으니"(마 25:14).

어떤 종에게는 금 다섯 달란트를, 어떤 종에게는 두 달란트를 그리고 또 한 종에게는 한 달란트를 맡겼습니다. 여기서 중요한 단어는 '맡김'이라는 말입니다. 그들은 모두 맡은 자들이었습니다. 더 정확하게 말하면 주인의 자산을 맡아 관리하는 자들이었습니다. 옛날에 한국에서는 이런 사람들을 청지기(Steward)라고 불렀습니다. 최근 우리가 사용하는 현대어로는 관리자 혹은 매니저(Manager)입니다. 그들은 주인이 아닙니다. 주인의 자산을 일시적으로 맡아 관리하는 자들입니다.

본문의 비유 속 주인처럼 하나님도 당신의 백성에게 다양한 재능, 혹은 다양한 달란트를 각각 다르게 맡겨 주셨습니다. 시간도 맡겨 주시고, 자녀도 맡겨 주시고, 각양의 재능과 돈 그리고 지식과 지혜도 맡겨 주셨습니다. 무엇보다 몸과 건강을 맡겨 주셨습니다. 그것으로 그분의 나라를 잘 섬기고 우리 자신도 삶의 의미와 보람을 느끼라고 말입니다.

드디어 주인이 다시 돌아와 맡긴 것에 대한 결산을 하게 됩니다.

"오랜 후에 그 종들의 주인이 돌아와 그들과 결산할새"(마 25:19).

이 결산의 날, 다섯 달란트와 두 달란트를 맡아 각기 다섯 달란트와 두 달란트를 남긴 종들은 정확하게 같은 칭찬을 주인에게 받습니다.

"그 주인이 이르되 잘하였도다 착하고 충성된 종아 네가 적은 일에 충성하였으매 내가 많은 것을 네게 맡기리니 네 주인의 즐거움에 참여할지어다 하고"(마 25:21, 23).

그러나 우리가 잘 알고 있는 대로 한 달란트를 받은 종은 그마저 잃을 것을 염려해 땅에 파묻어 두었다가 칭찬 없이 책망을 받고 바깥 어두운 데로 쫓겨납니다. 하나님 나라를 위한 기여가 없었기 때문입니다. 그렇다면 착하고 충성된 천국 백성, 천국 제자로 칭찬을 받는 섬김의 비밀은 무엇일까요?

재능대로 섬겨야 한다

본문 15절은 "각각 그 재능대로"라는 말씀으로 시작됩니다. 희랍어 원문에는 "idian(idios, 고유한) dunamin(능력)"으로 되어 있습니다. 하나님은 우리 각 사람에게 고유한 능력, 곧 재능을 다르게 주셨다는 것입니다. 바울은 이것을 은사, 희랍어로는 '카리스마'(karisma)라고 말합니다. 그런데 이 단어의 어근이 kara(joy, 기쁨)입니다. 우리는 누구든 자신의 재능 혹은 은사를 따라 살 때 큰 기쁨이 있습니다. 우리의 섬김이 행복하려면 자기가 좋아하는 일 그리고 잘할 수 있는 일을 해야 합니다. 그저 남의 지시를 따라, 조직의 임무를 따라 일하는 사람은 결코 행복할 수 없습니다. 가장 행복한 사람은 자기 안에 솟아나는 열망을 따라 사는 사람입니다.

> "또 여호와를 기뻐하라 그가 네 마음의 소원을 네게 이루어 주시리로다"(시 37:4).

1930년대 영국에 질리언 린(Gillian Lynne)이라는 소녀가 살았습니다. 그녀는 초등학교를 다니면서 교사들에게 학습 장애, 주의력 결핍 장애의 경고를 받았습니다. 잠시도 가만히 있지 못했기 때문입니다. 그녀의 어머니는 딸을 데리고 유능한 상담가를 찾았습니다. 한동안 상담이 진행된 후 어머니를 만난 상담가는 웃으며 이렇게 말했다고 합니다.

"어머니, 염려 마십시오. 댁의 따님은 장애인이 아닙니다. 따님은 그저 댄서의 소질을 가졌을 뿐입니다. 보십시오."

상담가가 음악을 틀자 소녀는 춤을 추기 시작했다고 합니다. 그리고 20세가 된 그녀는 세계적인 발레리나로 주목받게 됩니다.

재능의 밭에서 자라나는 거룩한 소원은 창조주의 축복입니다.

"너희 안에서 행하시는 이는 하나님이시니 자기의 기쁘신 뜻을 위하여 너희에게 소원을 두고 행하게 하시나니"(빌 2:13).

우리는 다른 사람을 모방할 필요가 없습니다. 당신이 가진 재능으로 기쁘고 즐겁게 하나님을 섬길 수 있는 방법을 찾으십시오. 다윗이 골리앗과 싸울 때 골리앗과 비슷한 갑옷을 입고 칼을 가지고 겨루었다면 어떻게 되었을까요? 아마 그 갑옷에 눌려 스스로 쓰러지고 말았을 것입니다. 그러나 그에게는 어려서부터 익혀 온 물매가 있었습니다. 이스라엘의 목자들은 맹수를 만날 때를 대비해 물매 공격을 연습하곤 했습니다. 다윗은 자신의 재능은 칼이 아니라 물매인 것을 알고 있었습니다. 자신이 잘할 수 있는 재능으로 자기 민족을 섬겼던 것입니다. 또한 로렌스 형제(Brother Lawrence)는 요리를 하고 그릇을 정리할 때마다 기쁨을 느꼈습니다. 그는 수도원의 식구들을 요리와 기도로 섬기면서 하나님 나라를 위해 일할 수 있었습니다.

중요한 것은 우리도 각자의 재능을 가지고 주의 나라를 위해 일하고 있느냐는 것입니다. 할 수 있는 일은 하지도 않으면서 하지도 못할 일을 참견만 하고 다니며 이웃들을 힘들게만 하는 사람은 아닌지 돌아보아야 할 것입니다.

적은 일에 충성해야 한다

우리는 어떤 업적을 남길 만한 일을 하고자 할 때 되도록 많은 일을 그리고 큰일을 해야 한다는 선입견을 갖고 있습니다. 그런데 달란트의 비유는 때로는 적은 일 그리고 작은 일이 더 중요할 수 있다고 가르칩니다.

우리는 달란트가 5, 2, 1로 되어 있어 그것을 매우 작은 단위로 착각할 때가 있습니다. 그러나 예수님 당시 금 한 달란트는 16년의 생활비에 해당되는 것이었습니다. 그러니 다섯 달란트 받은 종이 다시 다섯 달란트를 남겼다는 것은 대단한 업적입니다. 그러면 돌아온 주인은 어떻게 칭찬해야 마땅하겠습니까? "잘하였도다 착하고 충성된 종아 네가 큰일에 충성하였으니"라고 말해야 하지 않겠습니까? 그러나 주인은 그에게 "네가 적은 일에 충성하였으매"라고 말합니다. 저는 주인의 관점이 바로 하나님의 관점이라고 생각합니다. 하나님에게는 어떤 일이 큰일일까요? 하나님에게는 큰일도 작은 일이고, 작은 일도 작은 일일 것입니다. 그분에게 중요한 것은 큰일인가 작은 일인가가 아니라 작은 일, 혹은 적은 일에 대한 우리의 충성일 것입니다.

최근 《기도의 원 그리기》란 책으로 〈뉴욕타임스〉 베스트셀러 작가가 된 마크 배터슨 목사는 이 큰일, 작은 일에 대한 흥미로운 글을 남겼습니다. 우리 모두는 하나님이 큰일을 하고 계시다는 것을 의심 없이 믿고 있지 않느냐는 것입니다. 그는 창조주 하나님이 행성들의 궤도를 제대로 유지하실지 걱정이 되어 잠을 설쳐 본 일이 있느냐고 묻습니다. 지구라는 행성이 태양 주위를 시속 10만 7천 킬로미터로 돌고 있는 일이 걱정이 되어 기도해 본 일이 있느냐고 묻습니다. 우리는 그냥 믿습니다. 그분이 알아서 해 주실 것으로 믿는 것입니다. 그런데 그런 하나님이 우리의 삶의 궤도를 지키실 수 있는지에 대해서는 믿지 못하고 있는 것이 아니냐고 묻습니다. 그러면서 행성들의 궤도를 유지하는 일과 우리의 작은 발걸음을 인도해 주시는 일 중에 어떤 것이 더 어렵겠느냐고 묻습니다. 우리는 우리의 삶에서 직면하는 작은 일, 적은 일에도 그분을 신뢰하고 있느냐는 것입니다.

몇 해 전, BTS가 발표한 새 앨범이 나오자마자 최단 시간에 1억 명의 인구가 보고 듣는 기적이 일어났다고 합니다. 제목이 무엇입니까? 〈작은 것들을 위한 시〉입니다. 가사에는 이런 내용이 들어 있습니다.

사소한 게 사소하지 않게 만들어 버린 너라는 별
…
너의 관심사 걸음걸이 말투와 사소한 작은 습관들까지

저는 이것이 바로 우리를 향한 하나님의 관심이라고 믿습니다.

하나님이 다윗을 위대한 지도자로 쓰신 것은 그가 목동 시절 젖양을 지키는 작은 일에 충성스러움을 보셨기 때문이라고 성경은 말씀합니다.

"또 그의 종 다윗을 택하시되 양의 우리에서 취하시며 젖양을 지키는 중에서 그들을 이끌어 내사 그의 백성인 야곱, 그의 소유인 이스라엘을 기르게 하셨더니"(시 78:70-71).

당신은 어떻습니까? 오늘 당신은 당신에게 맡겨진 작은 일에 충성을 다하고 있습니까?

유익한 종이 되어야 한다

"이 무익한 종을 바깥 어두운 데로 내쫓으라 거기서 슬피 울며 이를 갈리라 하니라"(마 25:30).

이것은 한 달란트를 땅에 파묻은 종에게 하신 말씀입니다. 원금은 잃지 않았으나 그에게는 기여가 없었습니다. 주님은 그를 무익한 종이라고 말씀하십니다. 당신의 나라에 아무 유익도 끼치지 못한 종이었다는 것입니다. 그에게는 거룩한 모험의 열정이 없었습니다. 도대체 왜 그랬을까요? 우리는 26절에서 이 종의 주인에 대한 관점을 엿볼 수 있습니다.

"그 주인이 대답하여 이르되 악하고 게으른 종아 나는 심지 않은 데서 거두고 헤치지 않은 데서 모으는 줄로 네가 알았느냐"(마 25:26).

하나님은 심지 않은 데서 거둘 수 있는 분이십니까? 물론입니다. 그분은 전능자이십니다. 무(無)에서 유(有)를 창조하신 분입니다. 얼마든지 심지 않은 데서도 거둘 수 있게 하시는 분입니다. 그러나 그렇게 하실까요? 아닙니다. 일상의 상황에서는 심는 대로 거두게 하는 하나님이십니다.

"스스로 속이지 말라 하나님은 업신여김을 받지 아니하시나니 사람이 무엇으로 심든지 그대로 거두리라"(갈 6:7).

그러면 중요한 것은 무엇입니까? 땀 흘리며 심는 헌신이 필요하다는 것입니다. 그리고 이것은 하나님 나라에서 동일한 원리로 맡은 자들에게 적용될 수 있어야 합니다. 우리는 복음을 심어야 합니다. 꿈을 심어야 합니다. 기도를 심어야 합니다. 사랑을 심어야 합니다. 헌신의 물질도 심어야 합니다. 그리고 마침내 기적의 열매를 거두어 주님에게 바치는 종이 될 것을 기대하신다는 것입니다. 당신은 이런 유익한 종이 되고 있습니까? 그저 시간만 때우고 있는 무익한 종은 아닙니까? 성경에 '무익한 종'이란 단어가 한 번 더 사용된 곳이 있습니다.

"이와 같이 너희도 명령받은 것을 다 행한 후에 이르기를 우리는 무익한 종이라 우리가 하여야 할 일을 한 것뿐이라 할지니라"(눅 17:10).

여기서는 주님이 우리에게 최선을 다해 주의 명령을 행한 후에 오히려 스스로 무익한 종이라고 고백할 수 있어야 한다고 하십니다. 세상에서 이렇게 자신의 최선을 바친 사람이 나는 무익한 종이라고 말한다면, 세상의 기준으로 그는 바보일 것입니다. 그러나 하나님 나라를 유익하게 하기 위해 스스로 무익하게 되었다면, 그는 거룩한 바보일 것입니다. 지금은 이런 바보들이 필요한 때입니다.

최근에 조금 어려운 시간을 보내는 중에 여러 성도들이 위로의 문자와 이메일을 주었습니다. 그중에서 특히 한 분의 이메일이 제 마음을 깊이 만졌습니다.

"하나님 앞과 성도들 앞에 올바르게 서시는 것을 생명보다 소중하게 생각하셨던 두 분에게 저희들의 변함없는 존경과 응원을 보내 드립니다. 엉뚱한 오해를 받으셔도 변명 한 말씀 안 하시는 바보 리더십. 그냥 용서하고 또 용서해야 한다고 하시는 말씀은 감동 그 자체입니다."

여기서 제 마음을 파고든 단어가 '바보 리더십'이란 말이었습니다. 예수님이야말로 바보 리더십의 전형이십니다. 당신의 잘못과 상관없이 슬픔의 길, 비아 돌로로사를 걸으셔야 했고, 마침내 십자가에서 "저들을 사하여 주옵소서"(눅 23:34)라고 기도하시던 그분이야말로 진짜 하나님 나라를 위한 바보이셨기에 더욱 그분을 닮아야 한다고 스스로 다짐하곤 했습니다.

우리 교회에 주일마다 진정한 복음이 선포되고 예수 믿기로 결단하는 성도들의 행렬이 줄을 잇는다면, 저는 기꺼이 더욱 바보가 될 것입니다. 목장들이 살아나 믿지 않는 영혼들을 품고 서로의 상처를 치유하는 첫사랑의 회복이 일어난다면, 저는 앞으로도 기꺼이 바보가 될 것입니다. 중보 기도와 전도 폭발 사역이 되살아나 기도와 전도로 무장되는 성도들이 다시 벌 떼처럼 일어난다면, 저는 기꺼이 바보가 될 것입니다. 우리, 기꺼이 바보가 됩시다.

chapter 21

천국의
오른편 양들

주님의 오른편에 걸맞은
오늘을 살라

보수와 진보, 우파와 좌파, 이데올로기의 논쟁은 아직도 시끄
럽기만 하다. 그런데 천국의 마지막 심판의 자리에도 오른편에
설 양들과 왼편에 설 염소들이 있다고 한다. 과연 천국을 상속
받을 자들은 누구인가? 믿음만으로 충분한가? 행함인가? 믿음
+행함이 구원의 조건인가?

| 마태복음 25:31-40 |

인자가 자기 영광으로 모든 천사와 함께 올 때에 자기 영광의 보좌에 앉으리니 모든 민족을 그 앞에 모으고 각각 구분하기를 목자가 양과 염소를 구분하는 것같이 하여 양은 그 오른편에 염소는 왼편에 두리라 그때에 임금이 그 오른편에 있는 자들에게 이르시되 내 아버지께 복 받을 자들이여 나아와 창세로부터 너희를 위하여 예비된 나라를 상속받으라 내가 주릴 때에 너희가 먹을 것을 주었고 목마를 때에 마시게 하였고 나그네 되었을 때에 영접하였고 헐벗었을 때에 옷을 입혔고 병들었을 때에 돌보았고 옥에 갇혔을 때에 와서 보았느니라 이에 의인들이 대답하여 이르되 주여 우리가 어느 때에 주께서 주리신 것을 보고 음식을 대접하였으며 목마르신 것을 보고 마시게 하였나이까 어느 때에 나그네 되신 것을 보고 영접하였으며 헐벗으신 것을 보고 옷 입혔나이까 어느 때에 병드신 것이나 옥에 갇히신 것을 보고 가서 뵈었나이까 하리니 임금이 대답하여 이르시되 내가 진실로 너희에게 이르노니 너희가 여기 내 형제 중에 지극히 작은 자 하나에게 한 것이 곧 내게 한 것이니라 하시고

천국 비유의 공통적 강조 중 하나는 작은 자에 대한 관심, 작은 것에 대한 충성심입니다. 본문의 비유에 선행하는 소위 '달란트의 비유'가 그것을 보여 주고 있습니다. 그러나 그것을 종말론적 상황에서의 마지막 심판으로 다시 강조하는 비유가 바로 '양과 염소의 비유'입니다.

지구촌교회 초창기, 엄청난 양적 부흥을 거듭하던 시절의 이야기입니다. 매주 등록하는 교우들이 수십 명씩 줄을 잇고 매해 2천여 명의 교우들이 더해지던 때에 하나님이 주시는 부흥에 감사한 마음이 있었습니다. 그러나 이런 현상이 과연 성경이 강조하는 부흥일까, 이웃 교회들에게서 교인들을 뺏어 오는 소위 수평 이동에 의한 부적절한 부흥은 아닐까 하는 걱정이 제 마음에 있었습니다. 어느 날 교역자 모임에서 이러한 걱정을 나누면서 "내가 이웃 교회의 양들을 도둑질하는 절도 목자는 아닌지 모르겠다"고 말한 적이 있었습니다. 그때 한 부목사님이 나눈 유머를 저는 평생 잊지 못할 것 같습니다.

"목사님, 그런데 저는 타 교회에서 우리 교회로 오시는 분들이 반드시 양들만은 아니라고 생각합니다."

제가 "그게 무슨 뜻이에요?"라고 반문하자, 그 부목사님은 이렇게 덧붙여 주었습니다.

"목사님, 우리가 새 교우 심방을 해 보면 저희 교회에 등록하는 대부분의 교우들은 구원의 확신도 없고 주일만 교회에 겨우 출석하는 선데이 크리스천들입니다. 그러니까 그들은 양이 아니라 염소들이지요. 저는 우리 교회의 사명 중 하나가 말씀 공부와 제자 훈련으로 염소들을 양으로 변화시키는 것이라고 생각합니다."

본문이 바로 '양과 염소의 비유'입니다. 이 비유는 심판자이신 주님이 이 땅에 다시 오시는 종말론적 선포로 시작됩니다.

> "인자가 자기 영광으로 모든 천사와 함께 올 때에 자기 영광의 보좌에 앉으리니 모든 민족을 그 앞에 모으고 각각 구분하기를 목자가 양과 염소를 구분하는 것같이 하여 양은 그 오른편에 염소는 왼편에 두리라"(마 25:31-33).

그리고 이 비유는 왼편의 염소들은 영벌에, 오른편의 양들은 영생에 들어가리라는 선언으로 종결됩니다. 그렇다면 우리의 인생살이 마지막에 던져야 할 가장 엄숙하고 중요한 질문은 이것입니다. '오른편 양들은 누구인가?' 그들이 바로 천국 백성이고, 천국 제자들인 까닭입니다. 양과 염소의 비유에서 오른편 양들은 누구입니까?

천국을 상속받을 자들

"그때에 임금이 그 오른편에 있는 자들에게 이르시되 내 아버지께 복
받을 자들이여 나아와 창세로부터 너희를 위하여 예비된 나라를 상
속받으라"(마 25:34).

성경은 그들을 상속자라고 말씀합니다. 자녀가 아니면 상속자가 될
수 없습니다. 따라서 그들은 분명하게 어느 날 예수님을 구주와 주님
으로 영접하고 구원받아 하나님 아버지의 자녀가 된 사람들입니다.

"영접하는 자 곧 그 이름을 믿는 자들에게는 하나님의 자녀가 되는 권
세를 주셨으니"(요 1:12).

이렇게 하나님의 자녀가 된 이들에게 주어진 놀라운 특권이 무엇입
니까? 상속자가 되는 것입니다. 이제 바울 사도의 증언을 보십시오.

"자녀이면 또한 상속자 곧 하나님의 상속자요 그리스도와 함께 한 상
속자니 우리가 그와 함께 영광을 받기 위하여 고난도 함께 받아야 할
것이니라"(롬 8:17).

하나님의 자녀 된 우리에게 약속된 상속 중 가장 영광스러운 것이

있다면 무엇이겠습니까? 천국입니다. 우리는 천국의 상속자가 된 것입니다. 천국을 값없이 선물로 얻게 된 것입니다. 바울은 이 축복을 하늘나라의 시민권을 얻은 것이라고 말합니다(빌 3:20). 지금 우리가 사는 세상에는 자기의 본래 조국을 떠나 표류하는 많은 난민들이 있습니다. 그들이 한 나라에 도착해서 열망하는 오직 한 가지는 그 나라의 시민권을 획득하는 것입니다. 그토록 갈망하던 시민권을 얻는 그 순간을 난민들이 어떻게 잊을 수 있겠습니까? 하물며 세상 나라의 시민권을 어떻게 영원한 하늘나라, 천국의 시민권과 비교할 수 있을까요? 이 같은 이유로 본문 34절은 천국의 상속자가 된 이들을 복 받을 자들이라고 말합니다. 창세로부터 예비된 나라의 상속자가 되었다고 말합니다. 창세로부터 하나님의 자녀들을 위해 예비된 나라, 그곳이 바로 천국입니다.

창세전에 예비된 축복에 관한 바울 사도의 증언을 들어 보십시오.

"찬송하리로다 하나님 곧 우리 주 예수 그리스도의 아버지께서 그리스도 안에서 하늘에 속한 모든 신령한 복을 우리에게 주시되 곧 창세전에 그리스도 안에서 우리를 택하사 우리로 사랑 안에서 그 앞에 거룩하고 흠이 없게 하시려고 그 기쁘신 뜻대로 우리를 예정하사 예수 그리스도로 말미암아 자기의 아들들이 되게 하셨으니"(엡 1:3-5).

창세전에 예비된 축복을 하늘에 속한 모든 신령한 복이라고 증거합니다. 이 모든 것은 성도들을 위해 천국에 예비된 축복들입니다. 할렐루야! 감사하십시오. 찬양하십시오. 선한 목자 되신 예수님을 믿고 따르는 양 된 성도들을 위해 예비된 축복들입니다. 우리가 주의 양으로서 이 천국의 상속자가 되었습니다. 심판 날 주의 오른편 양들은 바로 예수 그리스도로 말미암아 주의 자녀가 된 구원받은 성도들입니다.

자신의 믿음을 행함으로 증명한 의인들

심판의 주님이 오른편 양들에게 천국의 상속을 선포하면서 이렇게 말씀하십니다.

> "내가 주릴 때에 너희가 먹을 것을 주었고 목마를 때에 마시게 하였고 나그네 되었을 때에 영접하였고 헐벗었을 때에 옷을 입혔고 병들었을 때에 돌보았고 옥에 갇혔을 때에 와서 보았느니라"(마 25:35-36).

이 장면에서 성경은 이런 행동을 한 사람들에 대해 어떻게 기록합니까?

> "이에 의인들이 대답하여 이르되 주여 우리가 어느 때에 주께서 주리신 것을 보고 음식을 대접하였으며 목마르신 것을 보고 마시게 하였나이까"(마 25:37).

성경은 이렇게 아름다운 선을 행한 사람들을 의인이라고 기록하고 있습니다. 여기서 잠시, 우리는 성경이 의인의 개념을 어떻게 가르치고 있는지를 숙고할 필요가 있습니다. 우선 바울 사도는 "의인은 없나니 하나도 없으며"(롬 3:10)라고 기록합니다. 물론 이것은 하나님의 관점에서 한 말입니다. 그렇다면 의인은 이 땅에 존재하지 못한다는 말입니까? 적어도 우리의 행위를 통해서 의롭다 함을 얻을 자는 없습니다.

> "그러므로 율법의 행위로 그의 앞에 의롭다 하심을 얻을 육체가 없나니 율법으로는 죄를 깨달음이니라"(롬 3:20).

그런데 여기에 복음이 있습니다.

> "그러므로 사람이 의롭다 하심을 얻는 것은 율법의 행위에 있지 않고 (예수를) 믿음으로 되는 줄 우리가 인정하노라"(롬 3:28).

그러면 마지막 날 그들의 칭찬받은 선행은 믿음과 무슨 관계가 있다는 말입니까? 그들이 예수 믿고 변화된 증거가 바로 그들의 선행이라는 것입니다. 믿음이 뿌리라면, 선행은 믿음의 열매라고 할 수 있습니다. 그리고 그 선행은 바로 작은 자들에 대한 관심과 돌봄이었던 것입니다.

"임금이 대답하여 이르시되 내가 진실로 너희에게 이르노니 너희가 여기 내 형제 중에 지극히 작은 자 하나에게 한 것이 곧 내게 한 것이니라 하시고"(마 25:40).

이 작은 자들 중에는 가난한 자, 병든 자, 옥에 갇힌 자, 나그네(난민, 유학생) 그리고 장애인들이 포함됩니다. 주님은 그들을 향한 돌봄이 바로 예수님 당신에게 한 선행이라고 말씀하십니다. 신약성경 중에 야고보서는 바로 이런 선행의 필요를 가르치는 책입니다. 주님의 동생 야고보는 이렇게 말합니다.

"어떤 사람은 말하기를 너는 믿음이 있고 나는 행함이 있으니 행함이 없는 네 믿음을 내게 보이라 나는 행함으로 내 믿음을 네게 보이리라 하리라"(약 2:18).

다시 말하면, 행함으로 자신의 믿음을 증명하는 사람이 되어야 한다는 것입니다. 마지막 심판의 날 주의 오른편에서 칭찬받을 양 무리, 그들은 바로 자신들의 믿음을 행함으로 증명한 사람들입니다.

주님에 대한 사랑을 이웃 사랑으로 실천한 사람들

그런데 우리가 이렇게 작은 자들에게 관심과 돌봄을 표현해야 할 이유가 무엇입니까? 사실 이런 선행은 그리스도인이 아니어도 할 수 있는 일이 아닙니까? 그렇습니다. 인류 보편의 자선 행위는 신앙인이 아니어도 할 수 있는 일입니다. 그러나 그리스도인들의 자선은 단순한 이웃 사랑의 실천이 아닌, 더 깊은 곳에 주님에 대한 사랑이 자리 잡고 있어야 합니다. 주님이 제자들에게 내리신 큰 계명은 '먼저는 하나님을 사랑하고, 다음으로 이웃을 네 몸과 같이 사랑하라'는 것입니다. 그러나 두 명령은 서로 분리되는 것이 아닙니다. 하나님을 사랑하기에 이웃을 사랑해야 한다는 것입니다.

우리는 성경에서 가장 위대한 사랑의 장을 고린도전서 13장이라고 말합니다. 그러나 저는 고린도전서 13장 이상의 사랑의 장이 요한일서 4장이라고 생각합니다.

"사랑하지 아니하는 자는 하나님을 알지 못하나니 이는 하나님은 사랑이심이라"(요일 4:8).

이 말씀에서 하나님은 성부 하나님이라고 믿습니다. 그런데 다음 구절을 보십시오.

"하나님의 사랑이 우리에게 이렇게 나타난바 되었으니 하나님이 자기의 독생자를 세상에 보내심은 그로 말미암아 우리를 살리려 하심이라"(요일 4:9).

성부 하나님은 당신의 사랑을 당신의 독생자이신 성자 하나님, 곧 예수님의 십자가의 죽으심으로 나타내신 것입니다.

"그의 성령을 우리에게 주시므로 우리가 그 안에 거하고 그가 우리 안에 거하시는 줄을 아느니라"(요일 4:13).

선행하는 12절은 성령 하나님으로 말미암아 하나님의 사랑이 우리 안에 거하게 되었다고 말씀합니다. 그러나 이 위대한 사랑 장의 결론은 여기서 끝나지 않습니다.

"우리가 이 계명을 주께 받았나니 하나님을 사랑하는 자는 또한 그 형제를 사랑할지니라"(요일 4:21).

정리하면, 성부 하나님은 사랑이십니다. 성부 하나님의 사랑은 성자 하나님(예수님)을 통해서 십자가의 사랑으로 나타났습니다. 그리고 이 사랑은 성령 하나님으로 말미암아 믿는 우리 안에 거하게 되었습니다. 이제 우리 안에 참으로 하나님의 사랑이 거한다면, 우리의 이런 사랑은 누구에게 나타나야 할까요? 형제들, 특히 작은 형제들입니다.

본문의 양과 염소의 비유에서 오른편 양 무리에 속한 자들은 바로 이 사랑을 작은 자들에게 실천한 사람들이었습니다. 반대로 왼편 염소의 자리에 서게 된 사람들을 향한 주님의 마지막 선언을 읽어 보십시오.

"이에 임금이 대답하여 이르시되 내가 진실로 너희에게 이르노니 이 지극히 작은 자 하나에게 하지 아니한 것이 곧 내게 하지 아니한 것이니라 하시리니"(마 25:45).

죄는 하지 말아야 할 것을 한 것(sins of commission)만이 아니라, 해야 할 일을 하지 못한 것(sins of omission)도 포함된다는 것입니다.

제가 좋아하는 한 이야기가 있습니다. 오래전 미국 친구 목사님에게 들은 것인데, 지금도 저를 자극하고 도전하는 이야기입니다. 이 목사님이 친구 집을 방문했는데 친구의 어린 딸 수잔이 여러 인형을 갖고 놀고 있는 걸 보고 이렇게 물었다고 합니다.

"수잔, 너 이 인형 중에 제일 사랑하는 인형이 어떤 것이니?"

"여긴 없어요."

"그럼 어디 있어?"

"내 방에 있어요."

"보여 주겠니?"

"안 돼요."

"왜?"

"보여드리면 아저씨 저를 비웃으실지 몰라요."

"아니, 그렇지 않아."

수잔은 약속을 다짐한 후 자기 방으로 가서 자기가 제일 좋아하는 인형을 갖고 나왔습니다. 머리가 벗겨지고, 옆구리가 터지고, 다리가 부서진 인형이었습니다. 목사님이 물었습니다.

"왜 하필이면 이 인형을 제일 사랑하지?"

그러자 수잔은 이렇게 대답했습니다.

"이 인형은 제가 사랑하지 않으면 사랑할 사람이 아무도 없거든요."

우리가, 우리 교회가 사랑하지 않으면 사랑을 알 수 없는 이웃들, 우리는 그들을 향한 우리의 책임을 다하고 있습니까? 이는 마지막 날 주님의 오른편에 서기 위해 응답해야 할 책임입니다.

chapter 22

천국의
확장과 완성

예수 그리스도의 이름으로
이 땅에 천국을 이루라

천국의 확장과 완성은 곧 왕의 지상 명령에 대한 우리의 응답과 함께 전개된다. 복음이 전해질 때마다 이 땅에서 천국은 확장되고 있다. 최후의 회심자가 왕국에 발을 들여놓는 순간이 천국의 완성이다. 그때 영원의 커튼이 열린다. 그때가 기다려지지 않는가?

열한 제자가 갈릴리에 가서 예수께서 지시하신 산에 이르러 예수를
뵈옵고 경배하나 아직도 의심하는 사람들이 있더라 예수께서 나아
와 말씀하여 이르시되 하늘과 땅의 모든 권세를 내게 주셨으니 그러
므로 너희는 가서 모든 민족을 제자로 삼아 아버지와 아들과 성령의
이름으로 세례(침례)를 베풀고 내가 너희에게 분부한 모든 것을 가르
쳐 지키게 하라 볼지어다 내가 세상 끝 날까지 너희와 항상 함께 있
으리라 하시니라

미국 애틀랜타로 출장을 간 그리스도인이 있었습니다. 식당을 찾기 위해 옐로 페이지(Yellow page)를 뒤지는데 'The Church of God Grill'(하나님의 교회 식당)이란 광고를 보고 호기심이 생겨 전화를 했다고 합니다. 전화로 응대하는 상대에게 물었습니다. "거기가 교회입니까, 식당입니까?" 그러자 "네, 여기는 식당입니다"라고 대답했습니다. 다시 묻기를 "그런데 왜 하나님의 교회란 이름을 붙였나요?" 그러자 "전에는 교회였는데, 지금은 식당이 되었습니다"라고 답했습니다. 그는 다시 물었습니다. "어떻게 교회가 식당이 되었습니까?" 다시 대답이 돌아왔습니다. "본래는 오전 중에 예배하고 12시 반경부터 간단한 치킨 요리를 해서 싼 가격으로 점심을 공급했는데, 교인들뿐 아니라 인근에 있는 이웃들에게 인기가 많아져 많은 손님들이 몰리기 시작하자 이제는 아예 식당으로 전업하게 된 것입니다."

이런 경우를 가리켜 우리는 '본말이 전도된다'라고 말합니다. 중요한 것과 중요하지 않은 것이 바뀐 것입니다. 우선순위가 뒤바뀐 것입니다. 교회는 식당을 운영할 수 있습니다. 서점도 할 수 있고, 미술관도, 체육관도 할 수 있습니다. 그러나 이것들은 교회의 가장 중요한 목적을 실현하기 위한 도구에 불과한 것입니다. 가장 중요한 것은 무엇입니까? 선교학에서는 교회의 가장 중요한 목적을 주님의 지상 명령

(Great Commission)이라고 불렀습니다. 본문에 바로 그 지상 명령이 기록되어 있습니다.

교회의 존재 이유는 곧 전도와 선교입니다. 전도와 선교는 본질적으로 동일한 과제지만 문화권을 달리한 타문화권 전도를 우리는 선교라고 부릅니다. 전도와 선교를 통해 하나님 나라는 이 땅에서 확장되고 완성되는 것입니다.

"이 천국 복음이 모든 민족에게 증언되기 위하여 온 세상에 전파되리니 그제야 끝이 오리라"(마 24:14).

온 세상이 하나님 앞에서 핑계하지 못하도록 복음이 충분히 전파될 때, 우리는 이 땅에서의 천국 완성을 선포하게 될 것입니다. 그 천국을 확장하고 완성하는 그날까지 우리 그리스도인들이 할 일은 무엇입니까?

예수의 경배자가 되어야 한다

"열한 제자가 갈릴리에 가서 예수께서 지시하신 산에 이르러 예수를 뵈옵고 경배하나 아직도 의심하는 사람들이 있더라"(마 28:16-17).

성경은 지상 명령의 위임을 받은 곳이 갈릴리의 한 산이었다고 기록합니다. 어떤 성경학자들은 그 산이 팔복의 교훈을 받은 팔복 산이었을 것이라고 추정합니다. 더 많은 성경학자들은 그 산이 변화 산이었을 것이라고 추정합니다. 둘 다 갈릴리 지역에 위치합니다. 거기서 그들은 예배하다가 주님의 마지막 명령을 받게 됩니다. 예수님은 종종 제자들과 깊은 교제를 나누고 중요한 명령을 하달할 때마다 그들을 산으로 부르셨습니다. 전도와 선교는 중요한 명령입니다. 그러나 전도와 선교 이상으로 중요한 것은 예배입니다. 예배에서 은혜 받지 못한 성도들이 전도나 선교를 행한다는 것은 기대할 수 없는 일이기 때문입니다.

교회사에서 사막 교부 시대의 지도자들이 남긴 기록 중에 이런 말이 있습니다.

"우리는 예배의 결과로 마귀가 되거나 천사가 된다. 예배에서 은혜 받지 못한 사람은 마귀가 되고, 예배에서 은혜 받은 사람은 천사가 된다. 그래서 주의 제자들에게 예배에 몰입하고 말씀으로 은혜 받는 것보다 더 중요한 일은 아무것도 없다."

그리스도의 공동체 정신을 밝힌 정확하고 중요한 진단이라고 생각합니다. 공동체 예배에서 말씀으로 은혜 받지 못하면 우리는 모두 타락한 인간성의 지배를 받는 마귀의 종이 됩니다. 반면 은혜 받으면 스데반처럼 천사의 얼굴을 한 천사의 심부름꾼이 되어 전도에 열중합니다. 무엇보다 주일 공동체 예배에서 은혜 받거나 말씀으로 마음이 뜨거워지지 못하는 데서 교회의 모든 문제가 시작됩니다. 따라서 참된 교회의 회복은 모든 회중이 예배를 뜨겁게 사모하고 말씀으로 은혜를 받는 자리로 돌아가는 데서 시작됩니다. 예배에서 말씀으로 은혜 받는 성도들의 마음속에는 두 가지 생각밖에 없습니다. '어떻게 전도할 것인가? 어떻게 선교할 것인가?' 그것이 사도행전이 보여 주는 초대 교회였습니다. 그리고 그것이 우리 지구촌 초대 교회의 모습이었습니다.

예배 장소를 4-5번이나 옮기면서도 집중한 것은 '어떻게 전도하고 어떻게 선교할 것인가?'였습니다. 그런 집중으로 불과 창립 15년 만에 우리 교회는 한국 교회에서 선교적 교회의 최전선에 서게 되었습니다. 그것이 지구촌교회의 부흥의 동력이었습니다. 하지만 전도와 선교보다 중요한 것은 예배입니다. 무엇보다 먼저 예배가 회복되어야 합니다. 말씀이 회복되어야 합니다. 선교지에 가더라도 먼저 예배해야 합니다. 말씀으로 심령을 채우십시오. 그러면 선교는 저절로 이루어질 것입니다. 무엇보다 먼저 예수님을 경배하는 자가 되십시오. 그러면 우리는 1세기의 제자들처럼 가서 예수님을 증거하고, 가서 전도하고, 가서 선교함으로 세상을 변화시키는 자들이 될 것입니다.

흥미로운 사실은, 본문에서 예수님을 뵈옵고 경배하는 자리에 "아직도 의심하는 사람들이 있더라"(마 28:17)는 것입니다. 그들은 결국 지상 명령의 열외자가 되었습니다. 오직 예수님을 경배하던 자들만 하나님 나라의 주인공이 된 것입니다. 그렇다면 이 땅에서 천국을 확장하고 완성하기 위해 우리가 먼저 해야 할 일은, 예수의 경배자가 되는 것입니다.

예수의 권세를 믿고 가야 한다

"예수께서 나아와 말씀하여 이르시되 하늘과 땅의 모든 권세를 내게 주셨으니"(마 28:18).

이 말씀과 이어지는 19절은 "그러므로 너희는 가서"라는 구절로 시작됩니다. 우리가 낯선 지역으로 가서 낯선 사람들을 만나 전도하고 선교할 때 우리의 마음속에는 무엇이 있겠습니까? 두려움이 아니겠습니까? 그런데 주님은 두려워하지 말고 가라고 말씀하십니다. 우리를 보내시는 주님에게는 하늘과 땅의 권세가 주어져 있기 때문이라는 것입니다.

예수님의 지상 생애에서 그 권세가 어떻게 나타났습니까? 그분은 나사로 같은 죽은 자를 살리셨습니다. 그가 생명의 권세를 가진 분임을 증거하신 것입니다. 또한 각종 병든 자들을 고치셨습니다. 그가 우리 몸을 주장하는 권세를 가진 분임을 증거하신 것입니다. 그는 또한 더러운 귀신 들린 자들을 고치셨습니다. 그가 영들을 부리는 권세를 가진 분임을 증거하신 것입니다. 그는 귀신들에게 명하여 돼지 떼에게로 들어가게도 하셨습니다. 그가 동물들을 주장하는 권세를 가진 분임을 증거하신 것입니다. 그는 무화과나무를 말씀으로 명하여 저주하기도 하셨습니다. 그가 식물들을 주장하는 권세를 가진 분임을 증거하신 것입니다. 그는 물을 포도주로 바꾸는 일을 하셨습니다. 그가 화학적 변화를 주장하는 권세를 가진 분임을 증거하신 것입니다. 그는 시간과 공간을 초월하여 기적을 행하셨습니다. 그가 시간과 공간의 주장 자임을 증거하신 것입니다. 그는 널뛰는 파도를 명하여 잠잠하게 하셨습니다. 그가 자연계를 주장하는 권세를 가진 분임을 증거하신 것입니다. 그는 진실로 하늘과 땅의 권세를 가진 분이십니다.

그러나 주님은 아무 때나 인간의 호기심을 만족시키기 위해 기적을 행하는 것을 거부하십니다. 그분은 선교의 장에 필요할 때만 권세로 함께할 것을 언약하십니다. 그는 일찍 제자들에게 전도와 선교를 경험시키기 위해 이렇게 약속하셨습니다.

"예수께서 그의 열두 제자를 부르사 더러운 귀신을 쫓아내며 모든 병과 모든 약한 것을 고치는 권능을 주시니라"(마 10:1).

그래서 우리는 일상의 자리에서 보지 못한 기적을 종종 선교의 마당에서 경험하게 됩니다. 아마도 한국 교회 사상 교회적으로 여름 단기 선교를 처음 시도한 것은 워싱턴지구촌교회였다고 생각됩니다. 1984년 7월, 스리랑카에 처음 청년 단기 선교 팀을 파송한 것은 당시 미국 교포 사회에 큰 화두가 되었습니다(그때부터 우리는 MET[Mission Explosion Team]라는 용어를 사용했습니다). 어느 해에 멕시코에 단기 선교 팀을 파송할 때 교회에 소속된 청소년들도 참여하게 했는데, 그때 저의 둘째 아들 범(Benjamin)도 참여했습니다. 그 특별한 해의 단기 선교에서 우리는 두 가지 기적을 경험하며 온 교회가 놀랐습니다. 하나는, 시력 장애가 있는 이를 위해 팀이 둘러싸고 기도할 때 그 사람이 눈을 번쩍 뜬 것입니다. 청소년들이 얼마나 놀랐을까요? 그리고 또 다른 하나는, 제 아들이 가난한 멕시코 가정에 유숙하다가 독이 있는 전갈에 물려 가까운 도시의 응급 병원으로 실려가 목숨을 건진 일입니다. 그러나 그 사건을 경험하고 저의 아들이 변화된 것이 저에겐 더 큰 기적이었습니다. 제 아들뿐 아니라 단기 선교에 함께 간 청소년들이 살아 계신 주님의 임재와 권세를 경험하고 모두 새사람이 되어 돌아왔습니다.

주님은 오늘도 선교의 여정을 떠나는 이들에게 '내 권세를 믿고 가라'고 말씀하십니다. 그렇다면 묻고 싶습니다. 당신은 하늘과 땅의 권세를 가지신 주님을 믿고 이 선교의 여정에 오르겠습니까? 직접 갈 수 없다면 중보 기도로 동참하겠습니까? 천국이 확장되고 완성되도록 하기 위해서 말입니다.

예수의 제자를 삼아야 한다

"그러므로 너희는 가서 모든 민족을 제자로 삼아 아버지와 아들과 성령의 이름으로 세례(침례)를 베풀고 내가 너희에게 분부한 모든 것을 가르쳐 지키게 하라 볼지어다 내가 세상 끝 날까지 너희와 항상 함께 있으리라 하시니라"(마 28:19-20).

이 말씀에서 주동사는 '제자를 삼아'입니다. 다른 단어들은 모두 제자를 삼기 위해 우리가 해야 할 일을 나타내는 것입니다. 제자 삼기 위해 가야 하고, 제자 삼기 위해 신앙을 고백한 그 고백에 근거해 세례(침례)를 주라는 것입니다. 그리고 신앙 고백을 한 이들을 잘 가르쳐 말씀을 지키는 사람으로 양육하라는 것입니다. 물론 이런 제자다운 제자로의 양육은 하루아침에 이루어지지 않습니다. 때문에 그것은 단기 선교에 참여한 이들이 할 일은 아닙니다. 우리는 현지의 선교사님이나 목사님들과 협력해서 전도한 이들이 잘 양육되도록 기회를 제공하면 됩니다. 그러니 선교지에 가서 잠깐 머물다 올 우리가 선교사님이나 목사님보다 앞서서 무엇을 주도하려 해서는 안 됩니다. 그분들의 겸손하고 충실한 지원자가 되십시오. 그것만으로도 주님은 우리의 순종을 기뻐하며 우리와 함께하신다는 것을 기억하십시오.

본문의 마지막 구절은 그것이 장기 선교든 단기 선교든 전도나 선교의 명령에 순종하는 이들을 향한 주님의 약속임을 잊지 마십시오.

"볼지어다 내가 세상 끝날까지 너희와 항상 함께 있으리라"(마 28:20).

우리는 아프리카 선교를 말할 때마다 데이비드 리빙스턴(David Livingstone)이란 이름을 기억하지 않을 수 없습니다. 그도 완벽한 사람은 아니었기에 그의 선교에 일부 비판적인 견해가 없는 것은 아니지만, 그의 헌신 없이 아프리카 선교의 문은 열릴 수 없었습니다.

그는 단순한 선교사가 아니라 탐험가였습니다. 임신한 아내와 세 아이를 데리고 야만인들과 맹수가 득실거리는 밀림 속을 방황하는가 하면, 훗날 잠베지 강을 따라 아프리카 대륙을 처음으로 횡단하며 아프리카 지도를 만들었습니다. 그럴 때마다 그는 적대적인 부족들과 협상을 하고 치명적인 열병과 싸워야만 했습니다. 노예 무역을 보고 양심에 가책을 느낀 그는 복음 전도를 하는 한편 노예 해방을 위해 일하기도 했습니다. 그는 선교사가 한 번도 가 보지 않은 수천의 마을들이 복음을 기다리고 있다고 외부에 알렸습니다.

한번은 원주민들을 위협하는 사자를 사냥하다가 사자에게 왼팔을 찢기게 되었는데, 다행스럽게도 원주민이 사자를 쏘아 목숨은 구했지만, 그는 그 뒤로 사용하지 못하는 왼팔을 힘겹게 달고 다녀야 했습니다. 그가 글래스고(Glasgow) 대학에서 명예박사 학위를 수여 받을 때였습니다. 가눌 수 없을 정도로 야위고 수척한 몸으로 쓰지 못하는 왼팔을 덜렁거리며 강단에 올랐는데, 그런 그에게 사회자가 물었습니다. "당신은 다시 선교지로 가겠습니까?" 그는 조금도 머뭇거리지 않고 "의심의 여지없이 큰 기쁨으로"(without misgiving and with great gladness) 갈 것이라고 대답했습니다. 그 이유는 자신에게 주어진 약속의 말씀인 마태복음 28장 20절 때문이라고 말했다고 합니다.

"내가 너희에게 분부한 모든 것을 가르쳐 지키게 하라 볼지어다 내가 세상 끝 날까지 너희와 항상 함께 있으리라 하시니라."

그 동일한 주님, 그 동일한 약속의 말씀을 붙들고 주님이 부르실 때마다 선교지로 나아가는 믿음의 결단이 우리 모두에게 있기를 축복합니다.